独占告白 渡辺恒雄

戦後政治はこうして作られた

NHKチーフ・プロデューサー
安井浩一郎

新潮社

まえがき

その男は、戦後政治の表も裏も目の当たりにしてきた〝最後の人物〟と呼ばれる。読売新聞グループのトップを務める渡辺恒雄、九六歳。現在も主筆として、日本最大の発行部数を誇る新聞の社論を指揮し、政界や世論形成にも絶大な影響力を持つ。二〇二二（令和四）年早々、内閣総理大臣の岸田文雄が本社にまで足を運び、年明け初めて晩餐を共にしたメディア人も渡辺だった。また渡辺の名前は、ウクライナ侵攻に伴って日本政府が行った制裁措置への報復として、ロシア政府が発表した入国禁止対象者リスト[1]にも挙げられた。海外の大国からも一目置かれる影響力の健在ぶりを窺わせる。

名だたる大物政治家の懐深くに入り込み、辣腕《らつわん》記者としてその名を馳せてきた渡辺。吉田茂の総理番記者を振り出しに、七〇年以上にわたって政治の虚々実々、そして権力の栄枯盛衰をその目に焼き付けてきた。渡辺は有力政治家との昵懇《じっこん》な関係を背景に、「取材者」としての枠にとどまらず、幾多の政局や総理大臣誕生に深く関与し続けた「当事者」でもあった。盟友であった元総理大臣の中曽根康弘も鬼籍に入った今、一九五五（昭和三〇）

年の保守合同前の時代から永田町の中枢を一貫して見続けてきた人物は、渡辺の他に存在しないと言われる。

「昭和と平成の激動に間近で立ち合い続けてきた渡辺恒雄の証言を通じて、戦後政治がどのように形作られ、現在に何をもたらしているのかを解き明かしたい」「〝最後の独裁者〟〝昭和の巨魁〟〝メディア王〟など、虚像が一人歩きしがちな渡辺恒雄の実像に迫り、その語り口や雰囲気、迫力や凄味も含めて映像で記録したい」。私たちはこういった思いから、渡辺に対して長期に及ぶ取材交渉を続けた。その結果、映像メディアとしては初めてのロングインタビューが実現した。

複数回にわたる異例のロングインタビューで渡辺は、青少年時代から現下の政治状況に至るまで、自らの半生を縦横無尽に語り尽くした。その赤裸々な証言によって、戦後政治の知られざる舞台裏が白日の下に晒される。結党以来の熾烈《しれつ》な自民党内の派閥抗争、その中で最高権力者が交わし、やがて反故にされた〝幻の総理大臣禅譲密約書〟、韓国との国交正常化に至るまでの水面下での駆け引き、沖縄返還をめぐる〝密約〟、盟友の中曽根康弘が総理大臣の座を手中にするまでの二人三脚、嫉妬やコンプレックスなどの人間感情によって動いてきた政治の実情……。渡辺の証言と政治史の歩みを重ね合わせることで、戦後日本の「別断面」が浮かび上がってきた。

読売新聞社トップとして憲法改正試案の紙面掲載を主導するなど、保守論客と目されがちな渡辺だが、一貫して自身の視座であり、原点であり続けたのが「戦争体験」だった。昭和と数え年を同じくする渡辺は、戦争の足音の近づく時代に多感な幼少期を過ごした。学生時代には哲学者を志しながらも陸軍二等兵として召集され、軍隊で激しい暴力を受けるなど理不尽な仕打ちに遭う。明日をも知れない死と隣り合わせの日々を経験した渡辺は、戦争を激しく憎悪した。こうした戦争体験を持つ渡辺には、「保守」のイメージとは裏腹に、政治指導者や軍人の戦争責任を厳しく検証し、総理大臣の靖国神社参拝に反対するなど、「リベラル」な側面が同居する複雑さと思想の重層性がある。今回のインタビューでも渡辺は、「戦争を二度と繰り返さないことが、自身の主張の原点にあった」と語っている。

そして渡辺の証言からもう一つ浮かび上がってきたのが、戦後の歴代総理大臣の「戦争体験」が、戦後日本に与えた影響の大きさである。吉田茂以降、ほとんどの歴代総理大臣と昵懇の間柄だったという渡辺。吉田茂、鳩山一郎、石橋湛山、岸信介、池田勇人、佐藤栄作、田中角栄、大平正芳、中曽根康弘……。戦後政治を主導してきた総理大臣たちもまた、それぞれの戦争体験を持ち、それが自身の打ち出す政策の〝原点〟となっていた。

日本を占領下から独立させた吉田茂は、かつて日独防共協定に反対し、極秘に終戦工作を行い憲兵隊に逮捕された過去を持っていた。自民党の初代総裁となった鳩山一郎は、戦時中に東條英機首相（当時）との対決姿勢を鮮明にしたことから蟄居《ちっきょ》生活を強いられた。

自由主義者としても知られる石橋湛山は、ジャーナリストとして反戦の論陣を張ったことで政府から監視対象とされ、また次男を戦争で喪っている。憲法改正を宿願として日米安全保障条約を改定した岸信介は、商工官僚として満州での計画経済遂行に辣腕を振るい、閣僚として開戦詔書に署名するなど戦時体制を主導した経歴を持っていた。高度経済成長を牽引《けんいん》した池田勇人は、大蔵官僚時代に軍事予算捻出に奔走したことへの反省を持ち続けていた。沖縄返還を実現した佐藤栄作は、鉄道官僚時代に空襲に遭い、多くの部下を亡くしている。日中国交正常化を実現した田中角栄は、満州に陸軍二等兵として従軍し、渡辺同様に上官の激しい暴力を受けた経験があった。日韓国交正常化、日中国交正常化の双方に外務大臣として深く関わった大平正芳は、大蔵官僚として出向した蒙疆《もうきょう》連絡部勤務時代、現地の人々に対する軍の横暴に目を留めていた。「戦後政治の総決算」を標榜し、タカ派的政策を志向しながらも柔軟な政権運営を行った中曽根康弘の現実主義の根底には、海軍主計中尉として従軍した戦場での苛烈な体験があった。

　こうした歴代総理大臣たちの戦争体験が、時に保守的な政策を遂行する原点であり、時にそれを抑止するバランス感覚の源泉となっていた。「戦争体験との距離感」の中で戦後政治が形成されていく過程を、渡辺は目の当たりにしていた。

　翻って現在、戦後生まれが人口の八六％となり、戦争体験という「共通基盤」が失われつつある日本。戦争体験を原点に形作られてきた日本社会は今、新たな針路を描けずに漂流の中にある。

本書は渡辺へのインタビューを元に制作されたＮＨＫの番組、ＢＳ１スペシャル「独占告白　渡辺恒雄　～戦後政治はこうして作られた　昭和編～」[2]、およびＮＨＫスペシャル「渡辺恒雄　戦争と政治　～戦後日本の自画像～」[3]の取材をベースに書き下ろしたものである。二度にわたる番組の放送は、私たちの想像以上に大きな反響を呼んだ。ツイッターで渡辺の名前が上位にトレンド入りするなどネット上でも大きな話題となり、多くの著名人が番組内容に言及した。書籍化にあたっては、時間尺の関係などから放送に盛り込めなかった渡辺のインタビューや関係者の証言、時代状況の描写などを大幅に加筆した。

令和という新たな時代を迎え、戦後七七年が経過した現在、私たちはどのような歴史の歩みの上に立っていて、これからどこに向かおうとしているのか。渡辺恒雄の独占告白を通じた新たな視点から、戦後日本の歩みを辿っていく。

・本文中の肩書き、年齢などは、原則として二〇二〇年の取材・放送時点のものである（まえがき、序章の渡辺の年齢は出版時点の年齢）。
・本文中は、基本的に敬称を省略した。
・注釈のない発言は、すべてＮＨＫの取材・インタビューによるものである。
・筆者による補足は〔　〕で表記した。
・引用元の原文は、旧字体・旧仮名遣いを新字体・新仮名遣いに適宜改めた。送り仮名は読みやすさを考慮して一部改めた。
・数字は漢字表記を基本とし、統一性を考慮して適宜改めた。

目次

まえがき　1
序　章　戦後政治〝最後の証人〟　15
永田町を睥睨《へいげい》する主筆室
第一章　敗戦　原点となった戦争体験　21
軍国主義への反発／死の恐怖と『実践理性批判』／出征前夜の〝葬送行進曲〟／軍隊の「暴力」と「精神主義」／終戦当日の「シラミ殺し」／戦争は渡辺に何をもたらしたのか
第二章　共産党活動　学んだ権力掌握術　45
青春を捧げた共産党活動／天皇制打倒のために／芽生え始めた違和感／党派抗争から学んだ権力掌握術
第三章　新聞記者と〝運命の山〟　命を賭した武装組織の取材　57
ジャーナリズムの道へ／潜入した奥多摩の山村工作隊／作家・高史明との邂《かい》逅《こう》／戦争体験と同時代性の共有／運命の岐路

第四章　永田町の現実　せめぎ合う保守勢力　75
目の前で飛び交う現ナマ／吉田茂の戦争体験／鳩山一郎との知遇「不遇のときに行け」／間近で見た保守合同／派閥の領袖　大野伴睦／大野の戦争体験／〝懐刀〟となった渡辺

第五章　岸信介と安保改定　民意を得られなかった〝戦前性〟　105
〝昭和の妖怪〟岸信介／岸の戦争認識／安保闘争と岸内閣退陣／〝政治の季節〟から〝経済の季節〟へ

第六章　密約と裏切り　政治家たちの権謀術数　119
群雄割拠する派閥を分析した初の著書／幻の「総理大臣禅譲密約書」／「白さも白し富士の白雪」

第七章　盟友・中曽根康弘　〝二人三脚〟で目指した総理の座　135
中曽根が揮毫した墓碑銘／〝青年将校〟との出会い／初入閣の舞台裏／原子力政策の原点／総理の座を見据えた勉強会

第八章　日韓国交正常化交渉　取材者か、当事者か　159
記者クラブの〝ボス〟／日韓交渉　水面下で動いた渡辺／スクープした「極秘合意メモ」／最高権力者の嫉妬／取材者か、当事者か／「フィクサー」の存在し得た時代

第九章　沖縄返還　問われたジャーナリズムの姿　183
沖縄返還の表と裏／池田と佐藤の確執／佐藤政権と沖縄　認識の溝／〝核抜き・本土並み〟背後にあった「密約」／外務省機密漏洩事件／法廷に立った渡辺／「機密情報」と「知る権利」／事件の背景に何が

第一〇章　田中角栄　知られざる戦争体験と、その虚実　223
〝今太閤〟の天下獲り／知られざる満州での姿／戦地での経験がもたらしたもの／日中国交正常化　田中と大平の原点／「日本列島改造論」誕生過程／〝時代の体現者〟の光と影

第一一章　中曽根政権　戦場体験と現実主義　255
中曽根政権誕生の舞台裏／〝風見鶏〟の現実主義／壮絶な戦場体験とリアリズム／〝大統領的首相〟／一度だけの靖国神社公式参拝／メディアと権力の距離は

終　章　喪失されゆく〝共通基盤〟　293
「戦争を知らせないといかん」／激減する戦争体験世代／「共通基盤」なき時代へ／原点が記された学生時代の手記／昭和の目撃者　渡辺恒雄

あとがき　307

註　記　314

戦後の歴代内閣総理大臣

昭和	1945. 8	～ 1945.10	東久邇宮 稔彦王
	1945.10	～ 1946. 5	幣原 喜重郎
	1946. 5	～ 1947. 5	吉田 茂（第1次）
	1947. 5	～ 1948. 3	片山 哲
	1948. 3	～ 1948.10	芦田 均
	1948.10	～ 1954.12	吉田 茂（第2~5次）
	1954.12	～ 1956.12	鳩山 一郎
	1956.12	～ 1957. 2	石橋 湛山
	1957. 2	～ 1960. 7	岸 信介
	1960. 7	～ 1964.11	池田 勇人
	1964.11	～ 1972. 7	佐藤 栄作
	1972. 7	～ 1974.12	田中 角栄
	1974.12	～ 1976.12	三木 武夫
	1976.12	～ 1978.12	福田 赳夫
	1978.12	～ 1980. 6	大平 正芳
	1980. 7	～ 1982.11	鈴木 善幸
	1982.11	～ 1987.11	中曽根 康弘
	1987.11	～ 1989. 6	竹下 登
平成	1989. 6	～ 1989. 8	宇野 宗佑
	1989. 8	～ 1991.11	海部 俊樹
	1991.11	～ 1993. 8	宮澤 喜一
	1993. 8	～ 1994. 4	細川 護熙
	1994. 4	～ 1994. 6	羽田 孜
	1994. 6	～ 1996. 1	村山 富市
	1996. 1	～ 1998. 7	橋本 龍太郎
	1998. 7	～ 2000. 4	小渕 恵三
	2000. 4	～ 2001. 4	森 喜朗
	2001. 4	～ 2006. 9	小泉 純一郎
	2006. 9	～ 2007. 9	安倍 晋三（第1次）
	2007. 9	～ 2008. 9	福田 康夫
	2008. 9	～ 2009. 9	麻生 太郎
	2009. 9	～ 2010. 6	鳩山 由紀夫
	2010. 6	～ 2011. 9	菅 直人
	2011. 9	～ 2012.12	野田 佳彦
	2012.12	～ 2020. 9	安倍 晋三（第2~4次）
令和	2020. 9	～ 2021.10	菅 義偉
	2021.10	～	岸田 文雄

独占告白　渡辺恒雄

戦後政治はこうして作られた

序章

戦後政治〝最後の証人〟

渡辺恒雄　九六歳

主筆室で模造刀を抜く渡辺

永田町を睥睨《へいげい》する主筆室

日本を代表するビジネス街・東京の大手町でも一際高く、威容を誇る読売新聞ビル。毎年正月には、箱根駅伝の発着点となることでも知られている。グループの本社機能が置かれるこのビルは、二〇一三（平成二五）年に旧社屋と同じ場所に建て替えられた。地上三三階、高さは二〇〇メートルと、名だたる大企業が本社を構え、高層ビルが林立する大手町でも最大級の高さを誇る。[1]

そのビルの最上層部に渡辺恒雄の執務室・主筆室はあった。この日私たちは、緊張感を覚えながら、初めてその部屋を訪ねた。テニスコート一面近くあると思われる部屋の奥に渡辺は座っていた。机の上には、トレードマークとも言えるパイプがいくつも置かれていた。

驚いたのは自席の周りに置かれた膨大な書籍や資料だ。政治関係の書籍は言うに及ばず、経済書、哲学書など多岐にわたる分野の専門書が山積みとなっていた。書類トレーには、国内政治から国際関係、経済政策、司法、安全保障、ＡＩからスポーツに至るまで、テーマごとに資料が分類されている。こうした書類の整理も全て自分で行っているのだという。主筆室内には図書館にあるような大きな書棚が並ぶ書庫スペースもあり、膨大な量の書籍が整然と納められている。まさに「汗牛充棟《かんぎゅうじゅうとう》」という言葉が思い浮かぶ。これに加えて、自宅にも専用の書庫があるという。帰宅後も毎日数時間、時に深夜まで読書に耽《ふけ》るのだそうだ。今なお衰えを知らぬ読書家ぶりと旺盛な知識欲が窺える。

渡辺はやおら立ち上がると、自らの波乱の半生が刻まれた部屋の中を、縦横無尽に案内してくれた。自席のすぐ近くの棚には、鞘《さや》に納められた日本刀が置かれていた。かつて論説委員長時代に二度、暴漢が部屋に飛び込んできたことがあり、以来「刀で脅かせば逃げていくだろう」と置くようになったのだという。もちろん真剣ではなく模造刀である。サービス精神からか、鞘から刀を抜こうとしてくれるが、なかなか抜けない。「これじゃあ用をなさないな」「よいしょ、よいしょ」と懸命に刀と格闘する姿に、部屋にいる誰もが相好を崩す。その強烈な個性と同居する天真爛漫な無邪気さと愛嬌に、私はえも言われぬ魅力を感じた。一般的に語られる威圧的なイメージだけでは捉えきれないその人柄で、渡辺は数々の人物を魅了してきたのだろう。ようやく抜けた刀は白刃の光を放ち、確かに真剣そのものだ。私たちに抜き身となった刀を見せてくれた後、元の鞘に戻そうとするが、うまく納まらない。「昔はさっと入ったんだが」とぼやきながら、渡辺は静かに刀を鞘に納め、元の位置に置いた。

渡辺は「主筆」という職制に基づいて、四〇年近くにわたって日本最大の発行部数を誇る読売新聞の社論を指揮してきた。主筆について社内の規定には「筆政を掌《つかさど》る」と短く記されている。具体的には新聞の論調や紙面作成の方針を決め、報道機能、言論機能の両面を指示し、調整権限を有する職制とされている。[2]渡辺本人の言を借りれば、「分かりやすく言うと、社論を決める」最高責任者であるという。[3]渡辺は専務取締役・論説委員長時代の一九八五（昭和六〇）年に主筆を兼務して以降、一九九一（平成三）年の社長就任後も一貫して主筆のポストを務め続けており、「死ぬまで主筆だ」と語っている。[4]一九九四（平成六）年には、主筆として読売新聞紙面への「憲法改正試案」掲載を主導し、「客観報道」のみならず、「提言報道」を重視する姿勢を鮮明にしている。こうした世論形成への存在感を背景に、渡辺は政界にも絶大な影響力を持ち続けてきた。

その影響力を物語るかのように、部屋で目を惹かれるのは、棚に並べられた大物政治家との写真である。東京ドームの貴賓室などで、森喜朗、小泉純一郎、安倍晋三ら歴代総理大臣と肩を並べて撮影された写真が置かれている。総理大臣当時の安倍夫妻と共に、日本を訪問したアメリカのトランプ大統領（当時）夫妻と会食する渡辺の姿もある。さらにはアメリカ元大統領のレーガン、大統領補佐官や国務長官を歴任したキッシンジャー、中国共産党の最高指導者だった鄧小平《とうしょうへい》ら、国際政治を動かしてきた大物と渡辺が握手を交わす写真もあり、その交友関係のスケールには驚かされる。

渡辺の影響力を象徴するのは写真だけではない。壁には歴代総理大臣らが揮毫《きごう》した額入りの書が並ぶ。その中の一つ、佐藤栄作が筆を振るった「静観自得《せいかんしてじとくす》」（大意 心静かに物事を観察すれば、自分の力で悟ることができ不満がない）とある書は、「待ちの政治家」と言われた佐藤の政治姿勢を彷彿とさせる。また「忍々百忍自無憂《にんにんひゃくにんすればおのずからうれいなし》」（大意 堪え忍び堪え忍び、多くを堪え忍べば、憂いはない）と綴られた書は、自民党副総裁を務めた大野伴睦《ばんぼく》が揮毫したもので、池田勇人政権発足後に反主流派に転じた河野一郎が、自民党を脱党し新党結成を模索していたのを思いとどまらせるために贈られたものだという（解読協力 書論研究家・国際日本文化研究センター共同研究員 松宮貴之）。さらには渡辺の盟友・中曽根康弘の書も複数並べられている。昭和史に名を刻んだ宰相らの遺墨が並ぶ渡辺の主筆室は、まるで戦後政治の記憶を陳列した博物館のように思えてくる。

主筆室のガラス張りの壁面からは、首都中枢の景色を望むことができる。二重橋、日比谷方面の眼下には皇居の緑が広がり、さらに永田町方向に目を向けると、政治の中枢・国会議事堂の白亜の威容を間近に見下ろすことができる。読売新聞ビルから国会議事堂まで、直線距離で二キロほどあるはずだが、手を伸ばせば届きそうなほど近くに感じる。国政の中枢を睥睨《へいげい》する主筆室からのこの眺望は、政治を正しい方向に導くという強烈な自負を持っているであろう、渡辺の脳裏の心象風景に近いものであるように私には思えた。

巨大メディアの発信力と有力政治家との昵懇な関係を背景に、時に取材者、時に当事者として八面六臂《はちめんろっぴ》の活躍を見せ、戦後政治の表も裏も目の当たりにしてきた渡辺。「三角大福中」（三木武夫、田中角栄、大平正芳、福田赳夫、中曽根康弘）と呼ばれた自民党の派閥全盛期を知る世代が軒並み鬼籍に入った今、渡辺は終戦直後からの戦後政治を知る「最後の証人」とすら言われる。渡辺恒雄の独占告白から、戦後日本の自画像が浮かび上がる。

第一章

敗戦

原点となった戦争体験

この戦争は必ず負ける。
俺はどうせ死ぬから

中学での軍事教練に参加する渡辺（最前列左端）

渡辺恒雄　一九歳
一九四五年　陸軍入隊時

軍国主義への反発

初回インタビューの日、私たちは読売新聞社内の応接室で撮影・照明機材の設営を終え、渡辺の到着を待っていた。開始時間が近づくと共に、部屋には息の詰まるような緊迫感が漂う。

渡辺のインタビュアーを務めたのは、NHK報道局記者主幹だった大越健介だ。大越は一九八五（昭和六〇）年のNHK入局後、一九八九（平成元）年から政治記者として、自民党の経世会（現平成研究会・茂木派）を中心に政治の現場を長く取材してきた。とりわけ、橋本龍太郎、小渕恵三の両首相の懐に深く食い込み、数々のスクープを連打してきた辣腕記者だ。渡辺と同じくワシントン支局長の経験も持つ。二〇一〇（平成二二）年から五年間、「ニュースウオッチ9《ナイン》」のキャスターも務め、時の総理大臣をはじめとする数々の要人へのインタビューも行ってきた。その百戦錬磨の大越ですらインタビューを目前に、声をかけるのも憚《はばか》られるほどの切迫感を漂わせていた。

「主筆が執務室を出た」という情報が伝えられると、部屋の緊迫感は頂点に達する。そして程なくして渡辺は、定刻通りに部屋にやってきた。「やあ、どうも」と私たちに声を掛けながら、杖にもほとんど頼らない軽快な足取りで歩みを進め、応接ソファに腰を沈めた。想像していたよりも飄々《ひょうひょう》としていて、柔和な佇まいであった。ただ眼光は周囲を射抜くかのように鋭く、全身から風圧を発しているかのように感じた。戦後に名を刻む歴代総理大臣と相対し、数々の政治史の転換点を経験したことによる自信からなのか、何も怖いものがないかのような空気を纏《まと》っていた。

着席後、持参した紙袋から渡辺がおもむろに取り出したのは、古びた一冊の岩波文庫だった。ドイツの哲学者イマヌエル・カントの著書『実践理性批判』である。戦時中、軍隊に召集された際に兵舎に持ち込んだものだという。渡辺はこの本を今も主筆室で大切に保管している。八〇年近くにわたって渡辺の傍らにあり、時代のうねりを共にしてきたこの文庫本。積み重ねてきた時間を感じさせる濃い褐色が、戦中・戦後の激動を象徴しているように思えた。インタビューの冒頭から渡辺が熱を込めて語り始めたのが、自らの「戦争体験」だった。

「まだ小学校のころは、軍国主義的風潮はそれほどじゃなかったね。やっぱり中学入ってからですよ。中学入ってから軍事教練の強化があって、配属将校がきていた。中尉の配属将校はやたらにのさばって、廊下から授業まで見てね、居眠りしているやつがいると後でひっぱたかれる。嫌な時代だったな。そういう時代の影が、中学の二年か三年ごろからだんだんひどくなってきたね。
軍国主義に対する反発は、もう中学のときから。太平洋戦争が始まったのは中学在学中ですよ。真珠湾攻撃で勝った勝ったと言うけど、『勝ち目ねえ』とクラスで平気で言ってたもんな。もう中学のときから、『絶対勝ち目のない戦争だ、ばかげた戦争だ』と、みんなクラスの中で言ってたね。それをとがめる者はいなかったね。とにかく非常に自由だった。ばれないように、教室の中で先生のいないときにしゃべっていればね。同級生の親父に、国会議員とか偉いのがいたんですよ。その親父から情報が入ってくるわけ。これは負けるに決まっている。生徒たちはそういう情報を共有していたわけだ。だから、一億尽忠なんて気は誰も持ってない。お国のために、こんな戦争は早くやめなきゃいかんというのは信念だから、何言ったってだめですよ、忠君愛国なんて言ったって」

渡辺は一九二六（大正一五）年、不動貯金銀行[1]の行員だった父・平吉と母・花の長男として東京府豊多摩郡杉並町（現在の東京都杉並区）に生まれた。[2]自民党幹事長や内閣官房長官などを歴任した梶山静六、アサヒビール社長を務めた樋口廣太郎、詩人の茨木のり子、海外ではイギリスのエリザベス女王、アメリカの女優マリリン・モンロー、キューバの最高指導者を務めたフィデル・カストロなどが同い年に当たる。また前年の一九二五（大正一四）年生まれの一歳違いの人物には、小説家の三島由紀夫や、自民党幹事長や内閣官房長官を務めた野中広務《ひろむ》などがいる。

昭和と数え年を同じくする渡辺は、戦争の足音の近づく時代に幼少期を過ごした。一九三一（昭和六）年には満州事変が勃発し、一九三二（昭和七）年には五・一五事件が発生、一九三三（昭和八）年には日本が国際連盟を脱退している。

八歳の時には、父親が四七歳の若さで亡くなった。五人の兄弟姉妹の長男だった渡辺は、当時の家父長制の下、幼くして渡辺家当主となった。

渡辺が感じたであろう「家長」としての重圧を窺わせるものがある。渡辺家の墓である。本人に教えてもらった情報を元に、東京都内にある渡辺家の菩提寺を訪ねた。「渡辺家之墓」と書かれた墓石の裏には、「昭和一〇年三月」の建立年と共に、「施主　渡辺恒雄建之」と、当時小学二年生だった渡辺の名前が刻まれている。幼い渡辺にのしかかったであろう重圧は、想像に余りあるものがある。その後母親から厳しい教育を受け、渡辺は家長としての期待を一身に背負って育っていく。

ノモンハン事件が勃発した一九三九（昭和一四）年に、渡辺は開成中学に入学した。ちなみに現在の総理大臣の岸田文雄も開成学園出身である。渡辺や岸田にとって、同窓意識は強いようだ。二〇二二（令和四）年に岸田は開成学園出身者と共に渡辺を訪ね、複数回会食している。一月には前経済安全保障担当大臣の小林鷹之と元外務副大臣の城内実、六月には元国際博覧会担当大臣の井上信治と城内を交え、読売新聞本社ビューラウンジで渡辺と晩餐を共にしている。一〇月にも国会会期中のさなか、岸田は日中に渡辺を訪ねて懇談を行っている。また岸田の父で衆議院議員を務めた岸田文武《ふみたけ》とも、渡辺は後に進学する旧制東京高等学校の同級生であり、葬儀の際には友人代表として弔辞も読んでいる。岸田親子とは二代にわたる同窓という奇縁であった。

軍国主義的気運が高まる中、学校には現役将校が派遣され、軍事教練が行われていた。これに反発した渡辺は、ある挙に出たという。

「あるときね、荒川の河川敷で教練をやるんですよ。川の上に橋があったね。河川敷に配属将校がいたから、その橋の上から僕は大きな声で、『開成のガン』と言ってどなったの。そうしたら、大声で言ったから聞こえたんだね。それで配属将校は、『整列しろ、誰かこの中に開成のガンと俺を呼んだのがいるはずだ、誰か出ろ』と。誰も出ないわね。だけど、ちょっと時間経ってから、みんなに迷惑かけると思って、『僕です』って、覚悟して出たわけ。『もう一遍言ってみろ』と言うから、『はい、開成のガンと言いました』と白状した。そこから俺がちょろまかした。『誰のことをガンと言ったんだ』と言われても、『あんたのことだ』と言わなかった。日ごろ俺と仲の悪い同じクラスの生徒がいた。『彼のことを言ったんだ』と。そうしたら、その配属将校は参ったね。自分のことじゃないのに、こんなに並ばせて、引っ込みがつかない有様だったね。日ごろ非常に仲の悪いやつに、『こいつに向かって言ったんだ』と言った。そいつは『そうじゃない』と言わないんだ。俺が非常に嫌っているやつが、助けるために『俺のことを言ったんです』と言ってくれた。それで難を逃れたね」

太平洋戦争開戦の二年後の一九四三（昭和一八）年に、渡辺は旧制東京高等学校（現在の東京大学教育学部附属中等教育学校、および東京大学教養学部）に進学する。イギリスのパブリックスクールを範とする自由主義的な校風で知られた官立学校だ。渡辺はこの名門校で、旧制高校の教養主義に溢れる伝統や、弊衣破帽の蛮カラな学校生活を謳歌する。しかし、この学校にも軍国主義の風潮が及ぼうとしていた。ここでも渡辺は、その反骨の一面を象徴する激しい行動に出る。

「記念祭があってね、僕は（旧制）東京高等学校という学校だから、東高踊りという踊りがあるのさ。その踊りをみんなで踊るわけだ、たき火を囲んで。そこに校長以下みんな幹部が来るんですよ。それをある段階になって、ぱっと指図をすると、みんながばーっと行って、棒を持って、あらかじめ打ち合わせてあるから能率的に校長以下みんなぶん殴ったね。僕も先生を殴ったら、眼鏡が飛んだ。飛んだやつを踏んづけちゃったもんだから、眼鏡が割れたんですよ。翌日の朝、会った先生の眼鏡がない。それで先生は『やあ』と、僕も『おはようございます』。にこにこしてね、まあ、（暗くて誰が殴ったか）分からなかったんだね。

やっぱり軍国主義に対する抵抗だね。そのころ軍国主義じゃなかったのよ、高等学校は。自由主義の本場だったのが、どんどん軍国主義化を始めた。それが校長なんですよ。だから、どこかでやっつけてやろうと、一斉蜂起したわけだ」

渡辺はこの東京高校で、生涯の盟友となる人物と出会っている。後に共に読売新聞社に入社し、日本テレビ社長となる氏家齊一郎である。二〇一一（平成二三）年の氏家のお別れの会の際には、「天の配剤と感謝していたこの交友」とまで渡辺が追悼文で述べたほどの間柄だ。[3] 同じく当時の軍国主義的風潮になじめなかった氏家は、渡辺と急速に親しくなる。氏家は当時の渡辺について、非戦の意識が非常に強く、軍国主義を振りかざす人物に対しては積極的に理論闘争を挑む、校内の反軍国主義の中心的存在だったと振り返っている。[4]

死の恐怖と『実践理性批判』

戦況の悪化と共に、渡辺ら学生を取り巻く環境は、さらに苛酷なものになっていく。太平洋戦争末期の一九四三（昭和一八）年以降、日本政府は深刻な兵力不足を補うため、大学の文系学部の学生たちを在学途中で徴兵し、出征させた。「学徒出陣」である。

ＮＨＫのアーカイブスには、この年の秋に行われた出陣学徒壮行会の映像が残されている。会場となったのは、二〇二一（令和三）年東京オリンピックのメインスタジアムとなった新国立競技場と同じ場所にあった明治神宮外苑競技場だ。冷たい秋雨が降りしきる中で行われた壮行会には、召集された七七校の学徒約二万五〇〇〇人が参加したとされている。グラウンドでは制服姿の学生が銃剣を担いで行進し、スタンドは見送りにきた女子学生や後輩学生ら六万五〇〇〇人で埋め尽くされた。当時の総理大臣である東條英機は「一切を大君の御為に捧げ奉るは皇国に生を享《う》けたる諸君の進むべき只一つの途である、諸君が悠久の大義に生きる唯一の道なのである」と軍服姿で訓示を行っている。学生代表の東京帝国大学文学部の江橋慎四郎は「生等《せいら》もとより生還を期せず。在学学徒諸兄、また遠からずして生等に続き出陣の上は、屍を乗り越え乗り越え邁往《まいおう》敢闘…」と答辞を読み上げた。政府は学徒出陣の出征者数を公表していないが、一〇万人以上の学生が戦地に送られたと言われている。渡辺と同年代では、後に内閣総理大臣を務める竹下登、宇野宗佑、村山富市、副総理や外務大臣などを務める渡辺美智雄、財務大臣や自民党総務会長などを務める「塩爺」こと塩川正十郎、作家となる司馬遼太郎、俳優となる鶴田浩二らが、学徒出陣を経験している。

こうした時代状況の下、渡辺は軍隊への召集が現実味を帯びる死と隣り合わせの青春時代を送った。「いつ振り向くかわからない死神の後姿を見ながらの日々[5]」と当時を語る渡辺は、召集を免れることはできないと「諦念」を抱えていたという。そんな渡辺が生きる意味を求めて没頭したのが、哲学だった。当時読み耽った哲学書の数々を、今も主筆室に大切に保管している。その中でも特に、座右の書として繰り返し愛読したのが、渡辺がインタビューの冒頭で示したカントの『実践理性批判』だ。難解なことで知られる同書の一節に、渡辺は自らの生の意味を見出そうとしたという。

「この『実践理性批判』の結語の冒頭だったわね。僕は、いつも自分の手帳に書き写した。『一生を考えて、いまだに敬意を表しているものが二つある。一つはわが上なる星の輝く空、一つはわが内なる道徳律である』。

僕は無神論だから、神様がいない。それは内なる道徳律だ。天なる星と内なる道徳律。道徳律というものは、人間にとって最高の価値ですよ。カントの『実践理性批判』のハイライトが、この二行の文章なんだ。これがカントの書いた本の中で、一番文学的、叙情的なんだよ。

軍隊へ行って死にに行くんだから、そういうときに一番の価値は『わが内なる道徳律』。これは上官や将校などの軍人なんかに分からん。俺だけの持っている心の価値である。それで死に対抗する。道徳律を持っている、それを自覚している人格を持っている人間が価値があるの。『自分の人格的価値は誰にも分からない、俺一人のものである』『この道徳的価値というものは、軍隊で弾飛んでこようと上官にぶん殴られようと、傷つけることはできない俺のものだ』という一つの哲学があったからね。それで死に抵抗するわけだ。哲学・思想的に死にいかに耐えるかが問題だった」

カントの哲学書の一節を胸に戦争の不条理と対峙していた渡辺は、一九四五（昭和二〇）年四月、東京帝国大学文学部哲学科に入学した。しかし、時は沖縄本島に米軍が上陸を開始した戦争末期だった。激化する戦況は、若き哲学の徒の運命を暗転させ、死の淵へと引きずり込もうとしていた。

出征前夜の〝葬送行進曲〟

哲学者を志して大学に進学した渡辺だったが、入学後間もなく、学徒勤労動員で新潟県関谷村（現関川村）に赴くこととなった。その地で約二ヶ月間、棚田の開墾や田植えなど、慣れない農作業に従事することになる。[6]そして六月二九日、ついに軍隊からの召集令状、いわゆる「赤紙」が届く。大学在学中の渡辺も、学徒出陣により徴兵されることになったためだ。召集令状が届いた日、渡辺は日記にその思いを書き記している。

「昼頃入隊の電報来る。何等驚愕の念起こる事なし。その事に対し自ら満足を感じた。（中略）〝積極的諦念〟…………」

勤労動員先の新潟から汽車で東京に戻った渡辺は、軍隊への召集前夜、自宅に後輩たちを招いてある音楽を聴いた。ロシアの作曲家・チャイコフスキーが死の直前に遺した大作、交響曲第六番「悲愴」である。自らが指揮したこの交響曲初演の九日後、チャイコフスキーは急死している。この召集前夜の感情を忘れまいと、渡辺は自らの葬儀で流すための音楽を収めたカセットテープにこの曲を入れている。主筆室に保管しているそのテープを、渡辺は私たちに見せてくれた。テープが収められている小さな木箱には、曲目リストも一緒に入れられている。バッハの管弦楽組曲第三番第二曲「アリア」や、ベートーベンの交響曲第七番第二楽章など計九曲が記載されているが、召集前夜に聴いたチャイコフスキーの「悲愴」は、とりわけ当時の記憶が喚起される曲だという。リストではこの曲の中でも、「第四楽章」（アダージョ・ラメントーソ）が指定されている。

「チャイコフスキーのこれよ。『俺の葬送行進曲だ』って、レコードをみんなに聞かせたの。蓄音機の針は竹針だ。学校の一、二年後輩を家に一〇人以上集めた。それで『この戦争は必ず負ける。俺はどうせ死ぬから』と言った」

交響曲第六番の最終章であるこの楽章は、哀調を帯びたロ短調の抑制的なトーンで始まる。曲調は次第にテンポを高潮させながら激しいクライマックスを迎え、やがて静寂と寂寥の中に消えるかのように終わっていく。人間が人生の中で抱く絶望、悲嘆、恐怖、苦悩などの感情が激しく発露されているかのような曲である。「九九パーセントの戦死」を覚悟し、「絶望的な死への旅路に出る」[7]つもりでいたという渡辺は、この激しく哀しい調べに自らの運命を重ね合わせたのだろう。渡辺は「最後の夜」と題したこの日の日記に、時代に翻弄され、消えゆこうとしている自らの運命について、痛切な思いを綴っている。

「一箇の運命が、悶《もだ》え、喘《あえ》ぎ、絶望し、夢想し、さうして遂に滅亡して行く。それが、俺の運命であらうとも、その滅び行く運命が、一体何の意味を主張し得るか。俺は知らねばならぬ。そして俺はやがて知るであらう。……俺の断末魔の時を」

出征当日の渡辺（中央）、左隣が母の花

そして、母親が神社で渡辺のために授かってきたお守りを全て、後輩たちと共に火鉢で焼き捨てたという。

「おふくろは一〇何体のお守りを一〇何社の神社へ行ってもらってきてね、『武運長久』と書いてあるあれだ。それを火鉢の中で、おふくろに内緒でみんな焼いちゃう。こんなものが、くそも役に立つわけない。こんな紙切れ、武運長久なんてばかばかしい。みんなくべて焼いたよ。死ぬ覚悟をはっきりさせるためだね」

軍隊の「暴力」と「精神主義」

陸軍二等兵として渡辺が入隊したのは、東京・三宿《みしゅく》に兵舎を置く砲兵連隊だった。相模湾から上陸すると想定されていたアメリカ軍を、砲弾で迎撃するという任務を帯びていた。入隊した渡辺は、理不尽な暴力に直面する。

「ひどいもんだよ。理由なしに兵営の後ろに引っ張り出して、それで『ビンビン』と〈平手打ちを〉やるわけだ。『股を開け』と言われてね、すっ飛んじゃうから。それだけやるのよ。理由ないんだよ。俺は二等兵だから、殴るのは一等兵か、上等兵か、軍曹か伍長だろうと思うでしょ。そいつらは殴らないの。俺を殴るのは、半年先に入った二等兵だ。何で彼はそういうことをやったかというと、おそらく半年前に自分がやられたんだろうね。だから、自分より後輩が来たら、殴らなきゃ損だという感じじゃないかね。他のやつも、一等兵が丸太を二、三〇本積んだ上に正座させられているのを見たがね、丸太の上に正座したら、あれは痛いですよ。歯を食いしばってその拷問に耐えているのを見たよ。ああ、軍隊はこういう所かと思ったね」

実は渡辺は、密かに兵舎に三冊の本を持ち込んでいたという。その中の一冊が、前述したカントの『実践理性批判』である。さらに持ち込んだ二冊は、イギリスの詩人ウィリアム・ブレイクの詩集と、研究社の英和小辞典だったという。一体なぜ、隊内で見つかって咎《とが》められる危険を冒してまで持ち込んだのか。そこには渡辺の戦争への嫌悪と、諦念と同時に抱く生への執着があった。

「軍隊に入ったということは、僕にとっては二つしか選択肢がない。一つは死ぬこと、もう一つは脱走すること、逃げることだ。脱走するときに米兵に英語で何て言ったらいいか、降伏するところで何という言葉を使えばいいかと。だからポケット・イングリッシュ・ディクショナリーがないと困る。何とか脱走して、一冊の字引を手にして、米軍と話をして生き延びるという選択しかなかったんだからね。

うまく脱走ができれば、捕虜収容所に入って、三年は入れられるだろう。その間に繰り返して読んでもいいなるべく薄い本が要る。それがこのカントの『実践理性批判』ですよ。これがあれば何度読んでもいい、事実この本、ぼろぼろになるまで読んだんだから。これを軍隊でどうやって隠すか。それは個人用の枕だ。枕は一人一人によこすんだ。どこへ行っても戦地で持って歩くんですよ。その枕の中は、わら束だ。その中にちょっと隅をあけて、突っ込んでおいた。それを持って歩いていた。だから、この『実践理性批判』というのは、僕にとっては大変懐かしいんだ」

陸軍砲兵連隊で渡辺が配属されたのは、「十糎榴弾砲《センチりゅうだんほう》」という大砲を扱う部隊だった。十糎榴弾砲[8]は、この時期の砲兵の主火器として配備されていたもので、現在も陸上自衛隊土浦駐屯地武器学校の火砲館には、当時の実物が展示されている。口径はその名称の通り、一〇五ミリと約一〇センチ、砲身は全長約二メートルで重量は三四三キロ、放列砲車重量は一五〇〇キロに達し、一〇キロ強の最大射程があった。[9]だが戦争最末期、もはや物資不足は限界に達しており、武器弾薬も尽きかけていた。それを糊塗《こと》しようとする陸軍の内実なき精神主義に、渡辺は戦前日本の病理を見たという。

「勝てるわけがないわな。あの米軍の前で日本軍は何もないんだから。丸腰だよ。僕は十糎榴弾砲を使う砲兵だった。直径一〇センチの弾だ、こんなでかいもの。その弾は木の弾なんだ。〔米軍の〕相模湾上陸作戦を邀撃《ようげき》するというのが僕らの使命だった。それで俺は上官に聞いたよ。『上がってくる敵軍に、木の弾じゃどうにもならないんじゃないですか』と言ったら、『いや、その時になると実弾が配給される』と上官は言う。ところが最後まで、戦争終わるまで実弾の配給はなかったね。そんな戦争で勝てるわけないよ」

終戦当日の「シラミ殺し」

しかし、突如として渡辺の運命は好転する。入隊から一ヶ月あまり経った一九四五（昭和二〇）年八月一五日、憎しみを募らせた戦争が終わりを迎えたのだ。終戦二日前の八月一三日からの状況を、渡辺はこう述懐する。

「不思議なことに、除隊命令が八月一三日に出た。理由は分からない。要するにもう負ける、降伏するということを軍の幹部は分かっていたんだろうね。一度に除隊すると混雑するから、一三日から帰らせ始めたんじゃないか。『まず自分の家に帰って、私物を持ってこい。ボタン一個もやらん、ふんどし一本だけやる。あとは全部軍に置いていけ。自宅に帰って私服を持ってこい』と言われた。それで家へ帰って、私物を持って兵舎に帰って、一三日と一四日の夜は兵舎で過ごす。

そして一五日の朝に出される。茅ヶ崎駅から電車に乗って、二駅目か三駅目かの駅で突然電車が止まって『全員降りろ』と。降りたら終戦の詔勅だ。天皇が〈ラジオで〉何か言っているが、何を言っているか誰も分からない。分かったのもいたらしいが、俺は聞こえなかったね。それでまた電車に乗ったら、軍人はみな一言もしゃべらない。東京駅で降りると、ジャンジャンと鐘が鳴って、号外の鐘だよ。見たら『戦争終結の大詔渙発《たいしょうかんぱつ》さる』と書いてある。何だ、終戦の大詔というのは。要するに負けたということじゃないか。それで万歳と思ったね。『これで助かった』と思ったら、それまでの緊張と空腹、軍隊で三度三度の飯は麦飯を茶碗に半分だ、おかずなし、具のないみそ汁だけだ。だから栄養失調になってた。負けたというんで、緊張が解けてふらふらとなってね、歩けなくなったよ、東京駅で」

東京駅で終戦の報に接した渡辺は、そのまま「這《は》うように」電車に乗り、千葉県小櫃《おびつ》村（現君津市）に疎開していた母親の元に向かった。少年時代から嫌悪し続けた戦争の「垢《あか》」が、物理的にも精神的にも落ちていくかのような体験を、渡辺は笑顔を交えながらユーモラスに語った。

「這うようにして母の疎開先にたどり着いて、やっと白い飯食って、風呂へ入った。体はシラミだらけだ。もうシラミを煮てもらったよ。洗面器に熱湯を入れてね。ざまぁ見ろと思ったね、シラミ。これでみんな茹《ゆだ》って死んじまう。本当にこの野郎、かゆい、参ったよ。軍隊っていうのは、ひどいよ。夜寝ると何万匹というシラミがね、じわじわじわじわ、這って入ってくるのが分かるんだよ。いちいち潰していられない、何万匹もいるんだから。もう軍というのはひどいところだよ、何から何まで」

――憎きシラミを煮て殺したときが、御自身の中で一つのけじめだったのかもしれないですね。

「そういうことだね。快感だったよ。シラミ殺しの快感。そんなの今の人は誰も味わったことないだろうね、シラミを殺す快感は」

戦争は渡辺に何をもたらしたのか

軍部が政治の実権を握り、政治家や官僚がそれに迎合し、戦争に突き進んだ戦前の日本。渡辺は政治の過ちが、個人や国家の命運を大きく変えてしまうことを痛感したという。戦争体験は自身に何をもたらしたのか、渡辺に問うた。

――戦争の体験というのは、間違いなくその後の人生に決定的な影響を及ぼしたと言っていいですか。原体験というのはやはり非常に大きなものでしたか。

「それはね、軍の横暴、独裁政治の悪さを、身にしみて分かったわけだ」

――大変失礼なことを承知で申し上げるんですけども、渡辺さんという存在は、権力というものと密接不可分だと実は思っていたんです。だけど今のお話を聞くと、戦争というものに対する反発心、反骨心が非常に強い。非常にアンビバレントな思いをして聞いていたんですが。

「あれだけ人を殺して、何百万人も殺して、日本中を廃墟にした連中の責任を問わなくて、いい政治ができるわけない」

――戦後、言論人としての渡辺さんの様々な主張の根本には、戦争を繰り返してはいけないという思いがあったのでしょうか。

「もちろん、もちろん。だって戦争中から反戦だったんだから、僕は。絶望的な時代だから、一生に一度、あれを味わったらね、何も怖いものはないね。今この世の中で」

作家の保阪正康は、近現代史の実証的研究を続け、歴代総理大臣から軍部関係者、市井の人々など、延べ約四〇〇〇人への証言取材を行ってきた。戦争関連の幾多の著作を残してきた昭和史研究の第一人者である。二〇〇五(平成一七)年に、日本の戦争責任を検証する大型連載が読売新聞紙上で行われた際にも、専門家として助言を行っている。保阪は戦争の痛烈な記憶を持つ言論人としての渡辺に、近年の保守論壇とは一線を画すものを感じたという。

「読売新聞が戦争責任検証というキャンペーンを続けたときに、渡辺さんや論説委員長、つまり読売の社論をつくる人たちがいるところで話をしたのですが、その時の渡辺さんの質問が、かなり専門的であり本質的でした。戦争を起こす人間の責任と、戦争を歴史の中に位置付けるだけの政治家がいるのか、その識見を持っているのかというところに、強い関心を持っているのに驚きましたね」

保阪は「戦争体験」という言葉は多義的であり、「同時代体験」、「被災体験」、「飢餓体験」、「引き揚げ体験」、「銃後の生活体験」など、様々な体験が含意されているという。その中でも最も苛烈な経験が「戦場体験」であるとした上で、渡辺がこうした戦禍の悲惨さを実感している点に着目している。

作家 保阪正康

「戦場体験をした人間は保守であろうと革新であろうと、こんなことは二度と嫌だというのが原点に大体据わりますね。いかにあの戦争が愚劣かということ。同時に戦争そのものが、いかに選択してはいけない政治的な問題であると、誰もがきちんと考えを持っていますね。反戦とか非戦とか厭戦とか嫌戦とかあるけども、『戦争をしない国をつくるのに、この人はどれだけ熱心なのか』を見抜くのに、かなり鋭い感性を持っているんだというのが、私の渡辺さんへの見方です。自分たちの世代、渡辺さんの世代よりもちょっと上の世代が、どういう目に遭ったかということを痛いほど知っているんだなと。その自覚がある人というのは、戦後の生き方の中に見事に出るんですね。だから僕はその生き方が出ているという点で、渡辺さんをある意味で言えば評価し、渡辺さんの生き方を是認するんですね」

そして、死の淵に立つような経験をしたことが、渡辺のその後の人生の原点になっていると指摘する。

「もしあのまま本土決戦になったら、渡辺さんは死ぬんですよ。間違いなく戦死する立場でした。カントの『実践理性批判』とかいろいろ読んで、知的なある種の充足感を持つのでしょうけど、歴史的には軍のいうような形で本土決戦をやったら戦死ですよ。本土決戦を選択するということを、軍はかなり強硬に言っていましたからね。渡辺さん自身の問題、それから世代の問題として、戦争があのまま続いたら、自分たちは死ぬんだということが、その後の人生のバネないし背骨になっているんですね」

東京大学名誉教授で政治学者の御厨貴《みくりやたかし》は、二〇年ほど前にオーラルヒストリーの手法で、渡辺と日本政治の関わりを検証してきた[10]。御厨は戦争体験が渡辺に与えた影響について、次のように分析する。

「彼は軍隊に失望して、こんな軍隊に主導されていたのだから日本は負けて当然だという、そういう歴史観を持ったと思います。彼は違うと言うと思うけど、ある意味リベラル左派に近いですよ。完全に右じゃないもの。靖国神社に行かないということもそうだし、そこを彼は変えない。だから昔の原点は変わってないということですね。ただ、これからの日本についての議論をするときに、それにあまり囚われて議論をするわけではないということが、彼を保守的なイメージに見せているのだと思います」

東京大学名誉教授 御厨貴

アジアや太平洋諸国に深い傷跡を残し、日本人だけで三一〇万人が命を落とした先の大戦。こうした戦争の経験は、保守・革新を問わず通底する「共通基盤」となり、戦後日本の原点となっていく。渡辺もまた、戦争体験を起点に、戦後という時代に踏み出そうとしていた。

第二章

共産党活動

学んだ権力掌握術

渡辺恒雄 二一歳
一九四七年 東大新人会設立時

軍隊が嫌いだから
やってきたのに、
共産党も軍隊かと
思ったね

東大細胞時代の渡辺（最前列左端）

青春を捧げた共産党活動

灰燼《かいじん》に帰した国土の中、終戦直後の日本は「一億総懺悔」が唱えられるなど、政治・社会体制が一変する気運に満ちていた。こうした中で、GHQ（連合国軍総司令部）による占領統治が始まった。連合国軍最高司令官のダグラス・マッカーサーは、日本が米艦ミズーリ号上で降伏文書に調印したわずか一ヶ月後の一九四五（昭和二〇）年一〇月には、婦人解放、圧政的諸制度の廃止、経済機構の民主化などの「五大改革指令」を発出する。そして早くも同年中には、財閥解体や農地改革が始まり、改正衆議院議員選挙法によって女性の参政権が認められた。「非軍事化」と「民主化」に占領政策の基本方針を置くGHQの下、日本の体制は劇的な変貌を遂げようとしていた。

渡辺は終戦後、忌み嫌った軍隊生活から解放され、東京帝国大学に復学していた。現在は象徴天皇制を肯定的に捉えている渡辺だが、当時は体制を抜本改革する必要があると考え、ある政党に入党する。日本共産党である。渡辺の人物像を考える上で、今とは像を結ばないように思える過去を持ち、自身の中で併存させている点は非常に興味深い。

しかし、やがて渡辺は党本部と激しく対立し、除名処分を受けるに至る。私の手元に当時の渡辺が記した手記がある。党から除名処分を受けた直後、編集に関わっていた論壇誌に掲載した文章だ。そこには自らを除名した組織への怨嗟《えんさ》が、激しい言葉で綴られていた。

「私の二年間の党生活は何よりも私の青春を賭した自己形成の試みであった。（中略）だが凡《すべ》ては今醜悪なマキャベリズムの触手の絡み合ふ中に無限の汚辱に泥塗られつつ終幕した[1]」

「二年間の党生活の後に去り難く私の頭に残ったのは何よりも戦慄するばかりのこの政治といふものの醜悪さである[2]」

「醜悪なマキャベリズムの触手」「無限の汚辱」など、党を唾棄《だき》するかのような激しい言葉の数々。ここに至るまでの間に、渡辺と党の間に何があったのだろうか。

天皇制打倒のために

戦前は非合法とされ激しい弾圧を受けていた日本共産党は、終戦後に治安維持法撤廃により合法政党として再建された。この日本共産党の活動に、渡辺は自らの大学時代を捧げるかのように没頭した。入党の理由について、渡辺は次のように語る。

「戦争中、『天皇陛下のために死ね』とか、『天皇陛下万歳』とか、日常茶飯事のようにやらされていた。二等兵で引っ張られて、あの地獄のような軍隊へ行った。それというのも、とにかく天皇制、全体主義が悪いからだ。だから戦争が終わって生き残ったら、天皇制を倒さないといかんと真面目に考えていた。天皇制を潰して、共和国にしようと思った。
それで当時、除隊になって東大へ戻ったら、いろいろ壁にビラが張ってある。全部天皇制護持だ。天皇制打倒と書いたビラは、共産党だけだったね。それで、共産党に入ろうと思って、終戦の年の暮れかな、共産党本部のある代々木に行って、共産党に入ったわけですよ」

戦後、共産党の影響力は、戦前と比べて著しく増大した。戦前に最大でも六〇〇人程度しかいなかった党員数は、渡辺が入党した頃には七〇〇〇人近くにまで増加していた。[3]とりわけ体制変革の理想を持つ進歩的学生の中には、共産主義に憧憬を抱く者が少なくなかった。

日本政治外交史が専門で、共産党の歴史を近著で実証的に分析した一橋大学教授の中北浩爾《こうじ》は、終戦直後に共産主義が放っていた魅力について、次のように指摘する。

「共産党は戦後に合法政党となったため、戦前と比べて格段に間口が広くなりました。当時の進歩的学生にとっての共産主義の魅力は、主に三点あったと思います。第一に共産主義が持っている体系的な世界観と理論です。経済から政治、軍事に至るまで世界を体系立ててトータルに把握する世界観を持ち、かつ実践的な課題を導き出す共産主義の魅力というのは非常に大きかったと思います。第二に当時の共産主義の国際的な勢いです。ソ連、後には中国など実際に革命を成就させ、理論を体現している国があったことは巨大なインパクトがありました。第三に戦時下での闘争です。超国家主義が戦争を引き起こしたと認識され、右派的価値観が事実上知的世界から否定された戦後的状況の中で、侵略戦争を批判し続けていた共産党にシンパシーを覚える学生が数多く存在しました。こうした状況下で、終戦直後の時期から一九六〇年安保くらいまでが、共産主義が日本で最も魅力を放っていた時期だったと思います」

やがて渡辺は、大学内の共産党支部である「東大細胞」のキャップの座に就く。この時期の東大細胞には、高校時代からの親友で後に読売新聞に入社する氏家齊一郎、後に西武百貨店を中核とするセゾングループを築き上げる堤清二[4]、西友会長や経団連副会長を務める高丘季昭《すえあき》らも在籍していた。渡辺はこうした多士済々の東大細胞メンバー約二〇〇人を率い、活動に没頭していった。

中北は当時の東大細胞キャップが持っていた権威について、次のように語る。

「東大細胞のキャップは、当時の進歩的学生からは仰ぎ見るような存在だったでしょう。そもそも大学生自体が、戦前から戦後のある時期までは数少ないエリートで、その中でも東大が持つ知的権威は今とは比べものにならない圧倒的なものがありました。共産主義の魅力は理論的な側面が大きくて、そうした理論面では東大出身者が持つ権威が必然的に高まったということもあったでしょう。戦後の歴代共産党トップにも東大出身の理論家が多い。党の初代書記長の徳田球一は苦学しながら日本大学夜間部で学び弁護士となった大衆運動家でしたが、宮本顕治以降、不破哲三氏、志位和夫氏と歴代の最高指導者がすべて東大出身なのも、こうした理論信仰と密接な関係があると思います」

芽生え始めた違和感

しかし渡辺は次第に、個人よりも組織を重視するかのように思えた党への違和感を抱くようになっていく。「報いられることなき献身」を要求する党に対し、それに値する価値は何なのか、疑問を抱き始めたのだ。

「共産党本部の玄関を入ったところに大きなビラが貼ってあって、『党員は軍隊的鉄の規律を厳守せよ』と書いてあるの。俺は軍隊が嫌いだからやってきたのに、共産党も軍隊かと思ったね。ものすごい台風（一九四七（昭和二二）年発生のカスリーン台風）が来たの。相当被害を受けて、多くの人が死ぬんですよ。[5] そういう時に党の東大細胞の会議があって、そこに中央委員が来て演説する。『もし全国民がこういう災害で飢えれば、人民は目が覚める。共産主義者になる。人民の目を覚まさせて共産主義にするのには、人民が飢えたときでなくては駄目なんだ』と。未だに疑問に思っているが、『変電所のスイッチを切って、全国停電を起こす。日本中が暗黒になる。食うものもなくなったとき、初めて飢え、餓《かつ》えた人民は体制打倒のために立ち上がる。それが必要だ』と言うんだな。それで『共産党を出なきゃいかん。中にいたんじゃどうにもならん』と思ってね、脱党を決意したね」

渡辺は自らの中に芽生えつつあった党への違和感を、手記に綴っていた。胸中に湧いてくる党への不信感を「恐ろしい事」と表現している。

「恐ろしい事が起りつつあるのではないかと思ふ。秘めておく事の不可能とすら思はれるやうな一つの体験を、ぼくは、唯一人の同志にも語る権利を持たぬのであらうか[6]」

中北は、共産党における組織原理と個人の相克について、次のように指摘する。

「共産党は職業革命家を中心とした『鉄の規律』で革命を起こすという、少数の党中央エリートが主導する〝前衛政党〟です。人民を解放するための革命を遂行するためには、軍隊的な組織形態が合理的になってくるというパラドックスが、常に存在していたと思います。そうした共産党において、組織と個人の相克は常にあります。具体的に述べると、共産党は党中央など上級機関の指導に下部が従う『民主集中制』（民主主義的中央集権制）という組織形態を採っています。分派の存在を許さない中央集権的で一枚岩的な党組織です。学生をはじめ自ら物事を考えたい人々には、上からの指導との間で摩擦が起きがちでした。また、マルクス主義は、歴史の発展法則によって革命が必然的に起こるという理論なので、そうした構造決定論的な解釈と、渡辺さんのような個人を重視する世界観が齟齬をきたしやすい面もあったと思います」

党派抗争から学んだ権力掌握術

その後渡辺は、新たな組織「東大新人会」を立ち上げる。そして「党の規律よりも、個人の主体性が優先されるべき」と主張し、「主体性論争」と呼ばれる議論を巻き起こした。渡辺が起草した会の綱領には「新しい人間性の発展と、主体性の確立を目指し、合理的且《かつ》平和的な社会の改造を推進」し、「公式的極左主義を克服し社会正義と真理の旗の下に結集する」と明記されている。[7] そこには個人の人間性と主体性を重視する渡辺の思想が反映されていた。

一方、党本部は渡辺の活動を「分派活動」として激しく非難する。その記録が、党大会の統制委員会報告に残っている。渡辺は名指しで「第二次共産党をつくるというような妄想的な考え」、「重大な規律違反」と糾弾された。[8] そして渡辺は除名処分を下されたうえ、東大細胞は解散処分となった。

「党は『革命のためには命を捨ててもいい。死んでもいい』と教えながら、死んでもいいほどの新しい価値というのは何なんだ。何もないじゃないか。それで僕は疑問を持って批判を始めた。『現体制を倒しながら、共産党も倒す』と変な夢を持ったわ。ぼこぼこに逆批判された。それで除名を受けた」

戦争と軍隊への嫌悪から没頭し、自身の青春を捧げた共産党活動は、渡辺にとって苦い結末となった。しかし渡辺は党内の激しい抗争の経験から、後に読売新聞社内や言論界を上り詰める原動力となる、権力掌握術を体得したという。

「共産党細胞というものは、秘密の中核組織だね。それを元にして、一人が一〇〇人くらいを動かす。東大に学生が一万人くらいいたと思うが、それを動かす。一〇〇人ちょっとの新人会でひっかき回したね。一人が一〇〇人、二〇〇人という人間を動かして、一万、二万人というやつに影響を与える。これは集団指導技術というか、共産党で学んで非常に役に立ったね。その後、至るところで組織をつくり、至るところで多数を制する。そういう技術は共産党から学ぶものが非常に多かったね」

中北は、渡辺が権力掌握術として学んだ運動形態は、共産党が労働組合などの団体を動かすときに多用した戦術そのものであると指摘する。

「少数だけど結束している集団は全体を動かすことができます。共産党は、前衛政党が団体を通じて大衆を指導するという伝導ベルト論を持っていました。そして、労働組合などの大衆団体では、その内部に党員グループをつくり、その組織的な活動によって党の方針をその団体に受け入れさせていくフラクション活動が行われました。会合が行われる前に、党員の参加者が協議して方針や段取りを決め、それに従って会議を回していく。それと同じような権力闘争を後に実践したのではないでしょうか。そうした少数者に対して、多数で無防備な人たちはひとたまりもないですよ」

共産党内での激しい党派抗争を原点に、後に政治記者として自民党内の熾烈な権力闘争や派閥抗争を冷徹に分析する渡辺の眼差しは、「政治の本質は友と敵の区別に基づく敵対関係の中に根源的に表われる」と喝破したドイツの政治学者カール・シュミットの政治観を彷彿とさせる。[9] 戦争を嫌悪し個人の自由を尊重する理想主義者の一面と、マキャヴェリズムを体現するかのような現実主義者の一面が同居する渡辺恒雄。共産党活動に没頭した青年時代には、その人物像が端的に凝縮されているように思える。

第三章

新聞記者と〝運命の山〟

命を賭した武装組織の取材

渡辺恒雄 二五歳
一九五二年 山村工作隊取材時

危険を冒さねえと、
特ダネはない

入社した頃の渡辺

ジャーナリズムの道へ

冷戦構造を背景に朝鮮戦争が勃発した一九五〇（昭和二五）年、渡辺は将来の選択を迫られていた。中学時代から哲学の道を志していた渡辺だったが、それを職業とする道は険しかった。そこで「書くこと」を生業にしようと選択したのが、新聞記者だった。

「哲学だけじゃ食っていけない。大学教授にならないと意味がない。僕は東大の哲学科の教授になろうと思っていた。ところが東大の哲学科には、今道友信[1]君という第一高等学校を一番で出たものすごい秀才がいた。事実彼は大学に残って、東大文学部長にまでなる。彼と争ったって勝ち目はないんだよ。だから、もう学者の道は閉ざされた。自分よりも頭のいいのがいるから。

しかし書くことは好きなんだ。物を書いて食える商売は何だろうと考えると、新聞記者しかないんだよ。それで『ジャーナリズムもこれを高度に発展させれば哲学だ』と変な理屈を言って、新聞社の面接を受けた」

一九五〇（昭和二五）年、渡辺は東京大学大学院を中退し、二四歳で読売新聞社に入社する。七〇余年後の現在まで続く記者人生の始まりである。採用試験での成績は、後に直木賞作家となる三好徹（本名・河上雄三）に次ぐ二番だったという。

東京大学名誉教授の御厨貴は、渡辺の波乱に富んだ記者人生と、日本政治の歴史を重ねることで、戦後史の重要な視座が得られると考えてきた。御厨は渡辺の特異性について、次のように語る。

「一方で自分自身も権力闘争をやりながら、他方で現実の政治の権力闘争を見て、しかも適宜それを自分の筆で書いていくという、この三つが揃った人は記者の中にもういません。まさに戦後に特有で、戦前にはこんな記者はいません。戦後も渡辺さん以後はそんな記者は出なくなる。彼の戦後史における政治家や記者についての評価には、どこまで正しいかどうかは別として、少なくとも対立的要素が必ず出てくる。こいつはいいやつ、こいつは悪いやつと。これは彼の面白いところで、『正反合』じゃないんだけど、二つのものが絶えずあって、それで三つ目に政治が出てくるみたいな。彼自身が昔から哲学、マルクスやヘーゲルを勉強した足跡が、人間を見るときに出てきている」

――戦後政治の最前線を一貫して見続けてきたのは、渡辺さんぐらいしかいないような状況でしょうか。

「渡辺さんしかいないと思いますね。中曽根康弘も亡くなってしまいましたから。渡辺さん、それから中曽根に共通しているのは保守合同からスタートしている、もっと言えば保守合同の前、つまり戦後すぐから政治を見続けている。こういう人は、もうほとんど今はいない。そういう意味では、昭和の政治を振り返るためには、やっぱりこの二人だったと思いますね」

潜入した奥多摩の山村工作隊

社会部を志望していた渡辺だったが、入社後最初に配属されたのは、週刊誌『読売ウイークリー』を担当する部署だった。ここで渡辺は持ち前の行動力を生かして、マリアナ諸島の孤島・アナタハン島の日本人女性をめぐる怪死事件や、昭和天皇の日常生活の取材など、多くの特集記事を連打する。そして入社から一年半後の一九五二(昭和二七)年四月、渡辺はその後の記者人生を決定付ける取材へと、運命に導かれるかのように、また自ら主体的に運命を手繰り寄せるかのように歩みを進める。それは日本共産党の「山村工作隊」をめぐる取材であった。

当時、共産主義政党の国際組織・コミンフォルムが日本共産党の革命方針に対して批判を行ったことを契機に、党内では路線対立が顕在化し分裂状態となっていた。この時、党の実権を握っていたのが、書記長の徳田球一を中心とする「所感派」だった。徳田らは中国共産党の革命に倣った武装闘争路線に傾斜していく。所感派が主導する日本共産党は、一九五一（昭和二六）年の第五回全国協議会（五全協）において、「われわれは武装の準備と行動を開始しなければならない」とする軍事方針を採択した。[2]こうした方針に基づき党は、「山村工作隊」と呼ばれる武装闘争を志向する組織を各地の山中に潜ませていた。

一橋大学教授の中北浩爾は、中国共産党による革命を模倣しようとした当時の党の志向について、次のように語る。

「徳田球一が主導するこのときの武装闘争のモデルは中国でした。中国共産党は農村や山岳地帯に根拠地を作ってそこから革命を成功させた。中国と同じような革命モデルを志向したのが、山村工作隊です」

山村工作隊の中でも重要拠点と見られていたのが東京の奥多摩地域だった。首都中枢や多摩方面の在日米軍基地の後背地として格好の根拠地であり、交通の利便性から隊員の出入りや補給に適していることなどがその理由とされた。[3]当時、山村工作隊に参加したメンバーたちは、後に参加の動機について手記に綴っている。

「非常に興奮していた。それは、革命戦線の最先端に立つという大きな名誉感と、その任務を全うしなければならないという緊張と、私自身の全人格的なものがここで試されるのだという切迫した気持からであった。（中略）対外的には中国革命の成功、朝鮮動乱の勃発という危機感の充満した状態の中で、私達のまわりはまるで明日にでも革命が起こるといった騒然たる空気で、またそれを私達みな真面目に信じていた」[4]

「私は革命は銃口から生まれるものであり、平和革命などは改良主義者、修正主義者のたわごとだと信じていたのでためらいはなかった」[5]

この奥多摩地域の中でもとりわけ激しい運動が繰り広げられていたのが、東京都西多摩郡小河内《おごうち》村だった。現在の奥多摩町の西部、東京都と山梨県の境近くに位置する。この小河内村の山村工作隊をめぐる取材が、渡辺の運命を左右する出会いの舞台となった。

私は渡辺の足跡を辿るべく、奥多摩町小河内地区に向かった。JR青梅線の終点・奥多摩駅からバスでさらに三〇分ほど奥地に向かった場所だ。最寄りの青梅街道沿いの「女《め》の湯」バス停で降りると、眼前に奥多摩湖が豊かな水を湛《たた》えている。奥多摩湖は総貯水量一億八〇〇〇万トン、水道専用の貯水池としては日本最大級の規模を誇り、東京都民が利用する水の約二割を供給する。だが渡辺が取材を行った当時、この巨大な湖は存在していなかった。多摩川上流域を堰き止め、奥多摩湖を生み出したのは、渡辺の取材の五年後の一九五七（昭和三二）年に竣工された小河内ダムである。

当時小河内村では、ダム建設をめぐって反対派が「在日米軍の立川基地や横田基地に電力を供給する『軍事ダム』を作ることが目的だ」と激しく反発していた。山村工作隊のメンバーは、このダム建設阻止のための拠点、ひいては革命のための根拠地を小河内の山中に求めたのだ。彼らは、山中で共同生活をしながら地域住民に宣伝活動を行い、山村を革命拠点とした武装蜂起を準備していると言われていた。しかし、その実態は謎のベールに包まれていた。

この秘密組織の実態をスクープしたいとの野心から、若き日の渡辺は単身で山村工作隊のアジトに赴いたのだ。かつて東大細胞のキャップとして共産党活動に没頭した経験から、理論闘争に自信を持っていたことも、取材を後押ししたことであろう。渡辺は当時を次のように語る。

「危なかったたね。当時は無鉄砲で、恐れを知らなかったたね。自分で勝手に決めたんですよ。車なんか通れないから、歩くしかない。立ち寄った現地の駐在所にいた警察官にも『素人が行くなんてとんでもない』と止められたよ。止められれば止められるほど、『そんな価値があるなら行ってやろう』と思うわね。危険を冒さねえと、特ダネはない。それで、地下足袋を履いて杖を持って乗り込んで、二つぐらい山を登ったら、小屋から煙が上がっているのが見えた。まあ断崖絶壁の山道を相当歩いたよ」

当時、小河内山村工作隊のアジトがあったのは、現在の女の湯バス停付近から、標高一一六九メートルの倉戸山に向かってそそり立つ急斜面を登っていった地点と見られる。実際に現地付近を訪れてみると、四五度ほどはあろうかという傾斜が続き、山々の稜線が眼前に迫ってくるかのようだ。現在でも道らしき道は皆無である。渡辺はこうした道なき急勾配をよじ登り、一人山村工作隊のアジトを目指したのだ。

作家・高史明との邂逅《かいこう》

この時、山村工作隊のリーダーとして渡辺の取材を受けたのは、意外な人物だった。後に作家となる高史明《コ・サミョン》（金天三《キム・チョンサム》）である。一二歳だった息子を自死で喪ったことをきっかけに、浄土真宗の宗祖・親鸞の『歎異抄《たんにしょう》』に帰依するようになった高は、現代社会の闇を見つめ、人間が生きることの意味を問う数々の著作で知られている。

山口県下関市生まれの在日朝鮮人二世である高は、一九四九（昭和二四）年に一七歳で上京した。しかし思うような仕事に就けず、一日二四〇円の日雇い仕事（ニコヨン）を求めて職業安定所に通うようになる。そこで困窮する人々と共に、仕事を求める運動に携わるようになっていく。その過程でニコヨン仲間に勧められて共産党に入党した高は、やがて党の地区委員会の青年対策を担当することとなった。そして小河内山村工作隊のリーダーとなり、渡辺と運命的な出会いを果たしたのだ。高は当時、二〇歳であった。
私は相模湾を望む神奈川県大磯町の閑静な住宅街に、高を訪ねた。瀟洒《しょうしゃ》な庭に臨む明るい日射しの差し込む部屋で、高は百合子夫人と共に私を迎えてくれた。取材当時八八歳だった高は、当時の山村工作隊のアジトの写真を見てもらうと、「よく覚えています」と、七〇年近く前の記憶の糸をたぐるかのように言葉を発した。長い髭をたくわえ、柔和な表情を絶やさない高だが、時折切れ長の目の奥に鋭い眼光を発し、人間社会の闇を見続けてきた壮絶な人生の一端を窺わせた。そして取材にやってきた渡辺の印象について、次のように語った。

「率直にいうと、『ようこんなところに来たな』というのが第一印象ですね。ここまで来るだけの気概を持った記者だったなというふうに、後で振り返りますけども。実際にそこまでよく来たもんだと思いますね、あのときの記憶でもね」

アジトの炭焼き小屋に近づいた渡辺は、山村工作隊のメンバーに囲まれた。その時の様子を、渡辺は次のように振り返る。

「小屋に辿り着いて近づいたら、『にゅっ、にゅっ』と、あちこちから首が出てくるの。木の茂みから、人間の首が。それで『囲まれたな』と思った」

山村工作隊メンバーは渡辺によると、「何《いず》れも一見して学生とわかるインテリくさい風貌」で、「昔の教練服にゲートルをまいたもの、汚れたジャンパーにヒザの破れたズボンをはくもの、地下足袋、ワラジ、運動靴、長靴」など服装や履き物は様々であり、「頭髪はボーボーとのび放題、垢と無精ヒゲでどの顔もマッ黒、眼ばかりがギョロギョロと光って」おり、「寒気と栄養不良」のためか、「みな血色は至って悪い」様子だったという。[6] 渡辺を囲んだこうした山村工作隊メンバーは一七名にも上った。彼らは渡辺を「警察のスパイ」と見なし、殺気立っていた。そしてメンバーの一人が、突然の闖入者《ちんにゅう》である渡辺を殺害しようと、こう叫んだという。

「殺っちまえ！　殺って埋めちまえ！」

戦争体験と同時代性の共有

その時「殺しは許さん！」とメンバーを制止したのが、他ならぬリーダーの高史明だった。高は渡辺をめぐって殺気立っていた状況を、次のように述懐する。

「私の一番根底にあったのは、殺すなという意志ですよね、これだけは非常に明確に記憶していますけどね。こんなところまで来るんだから、よっぽどだということで、『殺れ殺れ』という声が濃厚でしたからね。それをこっちが止めるのが、逆に力が要るというような、非常に険悪な空気でしたね」

作家 高史明

渡辺もその時の状況を鮮明に記憶していた。

「集まって『殺しちゃおう、殺して埋めりゃいいんだ』『穴掘って埋めて、逃げよう』と密かに論じ合っているのが聞こえるのよ。気持ちがいいわけないわね。その時に、俺といろいろしゃべって、やつらの輪に入っていったのが、高史明だった。『おい、おまえら、殺しちゃいかん、帰してやれ』と、彼が結論出してね。高史明のおかげで命助かったね」

渡辺の殺害を制止した高だったが、実は内心では「殺っちまえ」という声と、「殺すな」という声の狭間で、葛藤に揺れていたという。この葛藤は高の内面にあった党の武装闘争方針をめぐる葛藤でもあったという。戦後という時代を人間の闇の深さと共に考察する高は、当時の共産党主流派が掲げていた武装闘争方針について、民主主義や人間中心主義という「善」をなそうとする人間の理性から発出した「闇」であり、人間の深淵の表れであると捉えている。「理想的社会」を実現しようとする人間の営為から、深い闇が生まれてしまうというパラドックスに、高自身も葛藤していたのだ。

「私自身に即して言いますと、私自身の心の中にある闇ですね。他者の闇というよりも、私自身が抱えている闇ですね。そういう闇が、今の状況でまだ晴れていかないし、未だに抱えていますね」

アジトの炭焼き小屋に招き入れられた渡辺は、高を始めとする工作隊メンバーと対峙した。小屋は三坪ほどの空間で、うち一坪ほどが土間となっており、二坪ほどの板の間には藁が敷かれていた。渡辺は「お客さんだから」と、この藁の上に座らされた。板の間にはリュックや軍隊毛布、書類などが転がっていたという。二時間にも及んだ小屋での取材で、渡辺は工作隊メンバーから次のような言葉を引き出した。

「食糧は麦七分米三分の雑炊に、ネギ、ミソ、塩だけ」
「飲料水はキレイな泉が小屋の傍を流れている」

「〔丸太を指して〕武器はいくらでもある」

「ここにいれば一〇人で一〇〇人をやっつけられる、いや一〇〇〇人までは大丈夫だ」

「〔『千早城』のような峻崖の上に立つアジトの地形を誇らしげに説明し〕バズーカ砲はここまではもってこられまい」

「〔小河内ダムは〕都民の水道を守るための貯水池という名目で村を解散させることになったのに、政府は今これを発電所にきりかえ、米軍の飛行場に使う電気だけを作ろうとしている。圧倒的多数の村民は政府のやり方に憤慨し、我々を支持している」[7]

後に高は取材に応じた当時の思いについて、自伝的小説『闇を喰む』の中で次のように述べている。

「男は私の言うことを聞きながらしきりにメモを取っていた。私はそのメモを、止めようとはしなかった。熱心にメモを取る男が、私の思いを聞き取ってくれるとは思えなかった。だが、同じ時間を生きる何者かが聞いてくれていると思えたのだ。私たちの頭上の空は深く澄んでいた。すべては、空の深さが受け止めてくれるように感じられた。私はまるで空に向かって話すように話した。やがて、話すことがなくなったとき、私は口を噤《つぐ》んで相手を見つめた。若い男の鋭い目の縁にかすかな安堵と喜びが浮かんでいた。その男もまた、あの戦争と戦後を呼吸してきたに違いなかった。私はその安堵の眼の輝きを自分の胸底にそっと落とした」[8]

取材後、高は危害を加えることなく渡辺を帰した。高が渡辺に対して抱いたのは、悲惨な戦争と、その後の時代を共に経験したという同胞意識だった。郷里の下関で凄惨な光景を日々目の当たりにし、一三歳で終戦を迎えた高にとって、戦争体験は自身の中にさながら澱《おり》のように沈んでいる記憶だという。

「戦争で莫大な数の人間が死んだわけですよね。私が渡辺さんにそういう思いを抱いたのは、そうした死んだ世代と私たちは一緒なんですね。それで話し合いをして、帰ってもらったんだと思いますね。

山村工作隊の前に、下関での戦中体験が私の中に濃厚にありました。その当時は毎日船が沈んでいましたからね。それで負傷者が陸揚げされてきて、船乗りの人と子供たちが海際で死体と一緒になって泳いでいるというような記憶が私の中にありました。下関には、戦争中に米軍が機雷をたくさん投下していたんですよね。だから当時の関門海峡は、沈没船の帆柱でいっぱいでした。ちょうど私も学徒動員で海際の工場に動員されていて、関門海峡でドバーンと水柱が上がって、血にまみれた乗組員たちが担ぎ出されてきたり、足だけもがれて流れ着いてくるような光景を毎日のように見ていましたからね。それは、今なお本当の意味で解決しているように見えないんですね。厳しい戦中のあの状況は、未だに切り開かれてないというような気がしますね」

運命の岐路

この渡辺と高の一度限りの邂逅《かいこう》は、双方にとって対照的な運命の分岐点となった。渡辺の山村工作隊の潜入取材は、スクープとして翌日の社会面のトップを飾る破格の扱いを受け、社内でも高く評価された。この記事が当時の政治部長の目に留まり、渡辺は政治部へと異動することとなる。高と対峙した山村工作隊の潜入取材が、渡辺の記者人生を決定づける転換点となったのだ。

一方で高の運命は、渡辺との出会いを機に暗転していく。渡辺をアジトに招き入れて対話に応じたことが、組織の内情を暴露する裏切り行為だと問題視されたのだ。加えて高は、党の武装闘争方針への逡巡や百合子夫人との恋愛を「日和見主義」と咎められ、組織的な査問を繰り返し受けることになる。さらに国籍をめぐる葛藤にも直面した高は、離党を余儀なくされた。

「共産党の方針自体が、当時の世界情勢の中で、ソ連派と中国派に分かれていくように、それぞれの背景によって方針がころころ変わっていた時代ですね。そして、そういう中で私自身も、自分の道をどういうふうに見つけていくか、非常に迷っていた時代ですね」

しかし、党活動を通じて見つめ続けた戦後と人間の闇をテーマに、高は後に作家として歩み出すこととなる。高は渡辺との出会いと、その後の戦後の「闇」を次のように総括している。

「私はかっきり山に一週間とどまった。そして都会に帰って、あの蒼白い顔の記者の書いた新聞記事を目にした。それは新人記者の出世階段を登る第一段を飾るスクープとなって大きく取り上げられていたのだった。書かれたことと、話したことの間に大きな違いはなかった。むしろ、期待以上のものがあったと言っていい。しかし、その言葉の裏には、戦後日本の階段が透けて見えても、恐ろしいほどの痛苦と人々の涙はなかったのではなかろうか。その後、その記者を待っていたのは何であったか。そして、この私を待っていたのは何であったか。世界の濁りは私自身の濁りであった。私はそのさらなる濁りを生きたのだった」[9]

「私が深い山中の蒼穹《そうきゅう》に全身の広がる安堵感を覚えていたときとは、まさに人間の黒闇が世界中に新しい地獄の一歩を刻印しはじめていたときだったのである。くり返して言いたい。第二次世界大戦の恐ろしい犠牲を体験しているにもかかわらず、わずか五年にして勃発した朝鮮戦争とは、人類に何を告げていたのであったか。その深い人間の根源的メッセージは、その後深い闇に封じられ解明されていないのではないかと思われる」[10]

高は「渡辺さんがあんなに偉くなるとは思いませんでしたが」と苦笑しつつ、奥多摩での渡辺との邂逅について次のように語った。

「渡辺さんとの山の中での出会いは短時間でしたが、私自身も他のことを忘れてもよく記憶をしていますから、こっちにとっても良い出会いでした。後になって知ったんですけど、渡辺さんもその後の人生を歩むに当たって、山村工作隊の新聞記事を書いて偉くなっていったということは、ある意味では出会いとしては、お互いに深く傷を負わないで済んだなというふうに思いますね」

その後、日本共産党の武装闘争方針も大きく転換していく。軍事方針を掲げた「所感派」の中心だった党書記長の徳田球一、さらには方針を後押ししたソ連の指導者・スターリンの死去により、対立していた「国際派」の宮本顕治らが復権を遂げる。宮本らによって党の武装闘争路線が「極左冒険主義」の誤りと否定されたのは、渡辺の取材から三年後の一九五五（昭和三〇）年のことであった。

かつては同じく共産主義の理想を追い求めていた渡辺と高であったが、奇しくも全く異なる立場となって奥多摩山中で対峙することとなった。この邂逅が二人の若者にとって、運命の岐路となっていった。私は奥多摩の山々の西の稜線に沈んでいく夕日を見ながら、七〇年前のあの日、二人が感じたであろう緊迫感とその後の運命の綾に思いを馳せつつ、現地を後にした。

第四章

永田町の現実

せめぎ合う保守勢力

渡辺恒雄　二六歳

一九五二年　政治部配属時

リアリストにならなきゃ、政治の裏は分からないもの

政治部に配属された頃の渡辺

目の前で飛び交う現ナマ

一九五二（昭和二七）年七月、二六歳の渡辺は、永田町に政治記者として初めて足を踏み入れた。生き馬の目を抜く政治の世界で目撃した光景を、渡辺は生々しく記憶している。

「大きな風呂敷包みがある。全部、現ナマですよ。代議士が次々に来て、札束を新聞紙でくるんで渡すんだ。目の前でやっているんだよ。僕はそこで一時間くらいじっと見てたけど、僕が帰るときには、ぺっちゃんこになってるの。中の札束の山が、全部きれいになくなってるのよ。僕の目の前で授受されてるの。大っぴらだったね。最初見たときはやっぱりショッキングだよ。えらいもん見ちゃったな。隠そうとしないんだから」

――カントの「内なる道徳律」を大事にされた渡辺青年が、カネも飛び交うどろどろした政治を目の当たりにして、それは慣れてしまうものですか。

「慣れちゃうね」

――哲学青年で一時は共産党にまで入った渡辺さんと、政治のリアリズムを目にして取材に没頭していた渡辺さんと、変わる局面があったんでしょうか。

「いや、同じですよ」

カネの乱れ飛ぶ永田町の現実を目にした渡辺は、徹底した現実主義者になっていく。現実を直視する取材姿勢と政治家の生態について、渡辺は独特のユーモラスな表現で例えた。

「まあ科学者なんか、動物の生態、動物同士のセックスする現場、そんなの見てないとしようがないんだからね。それと同じだね。まあ人間が変なことやっている。お金むき出しでやったり、そういうものかと思って」

——記者という仕事をしながら、渡辺さん御自身が徹底的なリアリストになっていったこともあるのでしょうか。

「それはそうだね。リアリストにならなきゃ、政治の裏は分からないもの。金の流れが全て決めているんだから。それ知らなきゃ、分からないんだ」

吉田茂の戦争体験

終戦後、戦時体制下で権力中枢にいた政治指導者や軍部などの「戦前派」は、ＧＨＱによって軒並み公職追放された。政界においては、戦時下に翼賛政治体制協議会の推薦を受けた三八一人の議員全員が公職追放を受けた。その割合は衆議院議員全体の実に八割にも及んだ。「戦前派」議員を一掃した公職追放は、政界の勢力図に地殻変動をもたらし、戦後政治初期の歩みを規定していくことになる。

一九四六（昭和二一）年に行われた戦後初の衆議院選挙では、現職議員の多くが公職追放されたこともあり、四六六の総定員のうち、新人が三七九人と八一％を占めた。[1] 翼賛政治会の流れを汲む大日本政治会の後身である進歩党は、解散時勢力と比べて三分の一に激減した。その一方で、翼賛政治に批判的だった旧政友会のメンバーが中心となって設立された自由党は、三倍の議席を獲得して第一党の座を占めた。終戦直後の民意もまた、「戦後派」の躍進を後押ししたのだ。

この選挙後に、組閣を目前にしながらも公職追放に遭った自由党総裁の鳩山一郎の後継総裁となり、内閣総理大臣に就任したのが、吉田茂だった。「戦後派」の代表格である吉田は、終戦の翌年から総理大臣を務め、日本国憲法の公布・施行時にも宰相の地位にあった。憲法施行後、社会党などによる三党連立内閣に政権を明け渡すが、再び政権を奪還した一九四八（昭和二三）年以降は、数次にわたる長期政権を築いていた。戦前は必ずしも政界の主流ではなかった勢力が、「戦後派」として「戦前派」に取って代わり、権勢を誇る時代状況が到来していた。

政治部に配属された渡辺は、この吉田茂の総理番記者として、以後七〇年にわたる記者人生のキャリアを踏み出した。前年にサンフランシスコ講和条約に調印し日本を独立に導いた吉田は、この頃、権力の絶頂期にあった。

戦前に外務官僚だった吉田は、太平洋戦争の開戦前、駐英大使として日独防共協定に反対し、軍部と対立した過去を持っていた。後に吉田は、反対を貫いた心境を次のように回顧している。

「私は防共協定には反対だと〈日本政府に〉返事してやった。その後も辰巳栄一駐英、大島浩駐独の両陸軍武官がやってきて私を説得にかかったが、私はどうしても自分の所信を枉《ま》げる気にはなれなかった。（中略）〈軍部の〉肚《はら》のうちは、独伊と組んで英仏、ひいてはアメリカ側に対抗しようとしたものであることは明らかで、結局この枢軸側への加担は遠からず政治的、軍事的なものにまで発展するにきまっており、その勢いの赴くところ、わが国の将来にとってまことに憂うべきものとなることが、私に感得されたからである。（中略）そうした頑固な反対をしたため、私はいよいよ以て反軍思想の持主という烙印を軍部から捺されたらしい[2]」

そして戦争末期に吉田は「敗戦は必至」との認識から、元総理大臣の近衛文麿らと共に極秘に終戦工作を行った。この工作は程なく露見し、吉田は憲兵隊に逮捕・投獄された。しかしそのことが、いわば「勲章」としてＧＨＱの信頼を得ることに繋がり、戦後の求心力の源泉となったのだ。吉田は終戦直後、後輩外交官の来栖三郎に宛てた書簡で、戦中に抱いていた軍部、そしてその頭目と見なしていた東條英機への不満を爆発させている。

「If the Devil has a son, surely he is Tojo」〈悪魔にもし息子がいるならば、間違いなくそれは東條英機だ〉

「今迄の処、我負け振《ぶり》も古今東西未曽有の出来栄と可申《もうすべく》」

「軍なる政治の癌切開除去」

「因果はめぐる何とか、嘗《かつ》て小生共を苦しめたるケンペイ君、ポツダム宣言に所謂《いわゆる》戦争責任の糾弾に恐れを為し、米俘虐待の脛疵《すねきず》連、昨今脱営逃避の陋態《ろうたい》、其頭目東條は青梅の古寺に潜伏中のよし。釈放せられし当時、実は今に見ろと小生も内々含むところなきに非《あらざ》りしも、今はザマを見ろと些《いささ》か溜飲を下け居候《おりそうろう》」3

戦争を主導した指導者がGHQによって一掃され、戦争に批判的だった人物が権勢を振るう戦後政治の風景が、渡辺の眼前に広がっていた。渡辺は、政治家が戦争とどのような関わりがあったのかを、記者として人物を見る一つの座標軸にしていたという。

「僕らが政治記者になったときの総理大臣は、吉田茂ですよ。彼は反戦で反軍で、憲兵隊に捕まって留置場に入れられた人だからね。その人が出てきて天下をとったら、文句ないじゃないですか。その人の周りにいる人もね、大体、自由主義者だ。そのころはもう吉田さんが天下をとり、鳩山さんが天下をとり、石橋さんが天下をとってだ、みんなもう自由主義になっちゃったんだね。それで、池田勇人、佐藤栄作は吉田の子分だから。みんな反戦派だからね、そういう人たちが戦後、天下をとった。戦中の時局便乗派はみんな消えたんだ、一時。

もうとにかく反戦反軍だから。もう軍部の勢力はこっぱみじん、公職追放令もあって、みんないいなくなったからね、気分はよかったですよ、そのころは」

東京大学名誉教授の御厨貴は、戦争に批判的な政治家が主導して戦後政治が始まったことの意味を指摘する。

「結局、軍国主義というものに主導され、それに皆が付いていったのが良くなかったというのが、大まかに言って、戦争を経験した世代の考え方だと思いますよね。戦後生き延びたのは、親軍的ではなくて、むしろ反軍的なタイプの政治家です。こうした政治家たちが抹殺されなかったのが、日本の場合はすごい話であって、その中から吉田茂や鳩山一郎といった人たちが出てくるわけです。軍人・軍隊ほど嫌なものはないと。それはまた戦争は嫌だという感情につながってくるわけで。直前まで嫌な思いをしているから、戦争に対する嫌悪感というのはかなり強くて、その下で戦後政治が始まったということは事実です」

鳩山一郎との知遇「不遇のときに行け」

しかし、吉田の絶頂期もこの頃までだった。日本の独立回復と前後して、公職追放されていた戦前の指導者たちが、追放解除により政界復帰したためである。渡辺が政治部に配属された一ヶ月後の一九五二（昭和二七）年八月に行われた「抜き打ち解散」による衆議院選挙では、地方議員や元官僚を含む公職追放解除者の当選者が、総定員の三〇％を占めた。[4] 翌一九五三（昭和二八）年の「バカヤロー解散」による衆議院選挙でも、さらに追放解除者が当選し、政界に復帰する。こうした「戦前派」が巻き返しを始めたことで、吉田の権勢にも陰りが見え始め、政界の勢力図に劇的な変化が生じていく。追放解除を受けて政界復帰した政治家の中には、岸信介、赤城宗徳、石橋湛山、三木武吉、重光葵、河野一郎ら、戦前の政官界で枢要な地位を占めていた人物の顔ぶれがあった。彼らは、自身が追放の憂き目に遭っている間に権力の座に就き、ＧＨＱと協調して権勢を振るう吉田に、軒並み不満を募らせていた。そして「反吉田」で結束し、吉田政治の転換と占領政策の是正を旗印に掲げていく。

追放解除組の中には、戦前に二度にわたって閣僚を歴任した鳩山一郎の姿もあった。終戦後は総裁として自由党を戦後初の総選挙で第一党に躍進させ、総理大臣就任を目前にしながら公職追放に遭っていた。それから六年の雌伏を経て、政界に復帰したのである。政治記者となった渡辺が最初に懐に飛び込み親しくなった大物政治家が、この鳩山一郎だった。後に総理大臣となる鳩山だが、その当時は脳出血で倒れた直後で、さらに対立する吉田に冷遇されていた。それでも渡辺は、鳩山に食い込むべく自宅に日参したという。

「鳩山一郎を知っているわけでも何でもない。ただ、復活して総理大臣になりそうな男である。それで僕もせっせと通った。最初は会えない。庭の外や玄関の前で、じーっと朝から晩まで立っているんだ。よく辛抱強くやったね。とにかく鳩山家で、色々な政治家に会ったし、夫人の薫《かおる》さんにもかわいがられた。総理大臣でもないのに、病気の政治家のところに毎日来るから。馬になって孫の由紀夫〈元内閣総理大臣〉、邦夫〈元総務大臣〉を次々に背中にハイシーハイシーと乗せていた。孫を可愛がってくれると、身内扱いしてくれて、台所から書斎、鳩山家中どこでも行けた。もう家族みたいになっちゃった」

戦後政治の重要な舞台となってきた鳩山一郎の自宅は、二〇〇〇坪もの敷地面積を持つ瀟洒なイギリス風洋館だ。関東大震災の翌年の一九二四（大正一三）年、文京区音羽《おとわ》の丘にこの美しい洋館は姿を現した。建物はいまも現存し、鳩山会館として公開されている。その所在地から、「音羽御殿」の名称でも呼ばれている。音羽通りに面した門から、なだらかな坂を一〇〇メートルほど上ると、鳩山邸は姿を現す。渡辺も七〇年前に、日々の政治状況に考えを巡らせながらこの坂を上ったことだろう。

この洋館は、自由党の設立協議など、政局を左右する幾多の重要会談の舞台となり、戦後の様々な政治劇を見届けてきた。邸内の随所には、鳩をモチーフにした装飾物やステンドグラスなども見られる。明るく開放的な洋館の造りは、陽気で気さくな人柄で知られる鳩山の性格と重なるかのようだ。渡辺はこの鳩山邸に足繁く通い、鳩山の信頼を得ていく。ただそこには、したたかな思惑も秘められていた。渡辺は上司のデスクから次のような言葉を聞き、実践したという。

「政治家を取材するとき、時世時節を経て偉くなった後は『one of them』になる。不遇のときに行け、先のありそうなやつと不遇のときにつき合って食い込むんだ。鳩山は必ず復活して総理になる。今のようにルンペン〈失業〉してるときに行くのが一番いいんだ。そうやって食い込むんだ」

鳩山一郎は、明治時代に衆議院議長や東京専門学校（現早稲田大学）の校長などを歴任した鳩山和夫の長男として、東京市牛込区東五軒町（現新宿区東五軒町）に生まれた。父の和夫が目指した立憲政治や大正デモクラシーの影響を受けて成長する。戦前から議会政治や政党政治を重視する自由主義者として知られ、内閣書記官長や文部大臣を歴任した。一九四二（昭和一七）年に東條英機内閣下で行われたいわゆる翼賛選挙では、大政翼賛会に反対して非推薦で立候補し、当選を果たした。その後も反軍部を掲げ、総理大臣だった東條英機と対立し、軽井沢で蟄居生活を余儀なくされた過去を持っていた。鳩山は自身の戦前の行動について、次のように回顧している。

「昭和七（一九三二）年の五・一五事件、昭和一一（一九三六）年の二・二六事件と相次ぎ、世はまさにファッシズムの波に洗われて、私のような自由主義者、民主主義者は政界でもあんまり用のない人間になりかかっていた[5]」

「当時私はなんとかして戦争だけは避けたいと思って、時にふれ機に応じて色々と動いてみたが、こういう時には何時も吉田茂君と相談してやっていた。丁度吉田君も英国大使を辞めてブラブラしていた時である。吉田君と私はあとでとうとうああいう風なことで仲違いをしてしまったが、当時は政治観、世界観で二人の間はピッタリ一致していて、全く同じ政治の軌道を歩いた間柄だったのである[6]」

「戦後鳩山系といわれた人達、私と一緒に自由党を作った人達は戦争中も東條式のファッショ政治を極度に攻撃したのであったが、（中略）われわれ同志は東條内閣の推薦選挙に反対して闘った。政府が立候補者に対する推薦委員会を作り、その官立委員会の推薦したものを翼賛会が公認し、非推薦の候補者は極端にこれを圧迫したのであるから、これは全く官選選挙であり名は議会政治でも実際は独裁政治であった[7]」

政治家の戦争との関わりを、記者としての一つの座標軸にしていたという渡辺は、鳩山のこうした戦前からのキャリアに親近感を抱いていた。加えて鳩山が吉田茂を筆頭とする官僚出身の政治家群「官僚派」でなく、地方議会出身のたたき上げや党組織に長く所属する議員からなる「党人派」であったことにも、好感を持っていた。

「鳩山さんはいわゆる『党人派』で、戦前に若くして政友会で幹事長をやった。僕は好意を持って、毎朝のように鳩山家に通ったんですよ。鳩山家に行くと、三木武吉とか河野一郎とかいるから、彼らとも仲よくなる。それで情報網も広がったわけだ。普通、政治記者は官邸から始まるが、僕はそれを飛び越して、鳩山家を中心にして取材の現場を広げたね」

——鳩山さんのような政党政治家、いわゆる党人派と言われる人と、吉田茂さんを筆頭とする官僚派と言われる人の間には、特色の違いはあったのですか。

「もちろん。官僚派と党人派は、まるで違うからね」

——渡辺さん御自身は、党人派の政治家のほうと肌が合ったということですか。

「そういうことだ」

当時鳩山は、総理大臣である吉田が総裁として率いる自由党に所属していたが、自身が公職追放されている間、一時預けたに過ぎないと考える総理総裁の座を譲ろうとしない吉田に、激しい敵愾心《てきがいしん》を募らせていた。自由党内で分派活動を展開していた鳩山は、やがて離党して公職追放を解除されたメンバーを中心に反吉田勢力を糾合《きゅうごう》、岸信介らと日本民主党を結成する。そして、結党の勢いを駆って内閣不信任決議案可決が確実な情勢を作り上げる。吉田はなお解散・総選挙で対抗することを模索するが、最後は側近にも見放される四面楚歌の状況となり、内閣総辞職に追い込まれた。通算七年あまりにわたって政権を担い権勢を誇った吉田内閣は、ついに終焉を迎えたのだ。そして鳩山は一九五四（昭和二九）年末、内閣総理大臣に就任した。

戦前は必ずしも政官界の主流とは言えなかった吉田が、戦後に俄然頭角を現し、長期政権を築けたのは、吉田の反軍部という経歴がアメリカの信用を得たこと、そして公職追放によって戦前の指導者層が一掃されたことが大きい。非常に大雑把に言えば、「戦前傍流派＝終戦直後主流派」が吉田の周辺に集まり、多くが公職追放にあった「戦前主流派＝終戦直後傍流派」が反吉田勢力となっていった傾向が存在した。「戦前派」と「戦後派」の二つの流れがせめぎ合い、戦後の潮流を形作っていく様を、まさに渡辺は最前線で目の当たりにしていたのだ。

間近で見た保守合同

そして吉田と鳩山ら保守勢力同士が争っていた戦後政治に、地殻変動が生じる。終戦から一〇年が経った一九五五（昭和三〇）年一一月、吉田が直前まで率いていた自由党[8]と、鳩山が率いていた日本民主党の二つの保守勢力が合同し、現在に連なる自由民主党が誕生したのだ。保守合同は鳩山ら日本民主党の主導で進められ、自民党の初代総裁には鳩山一郎[9]、初代幹事長には岸信介が就任した。自民党結党の前月には、左右に分裂していた日本社会党が再統一され、衆議院で一六〇議席近くを占める一大勢力となった。ここに与党第一党の保守勢力である自民党と、野党第一党の革新勢力である社会党が対峙する「五五年体制」が成立し、以後四〇年近くにわたって戦後政治の構図となっていった。

自民党の綱領には、「民主主義の理念を基調として諸般の制度、機構を刷新改善し、文化的民主国家の完成を期する」ことや、「平和と自由を希求する人類普遍の正義に立脚して、国際関係を是正し、調整し、自主独立の完成を期する」ことなどが掲げられた。一方で高邁《こうまい》な理想を掲げながら、他方で生き馬の目を抜く権力闘争を行う政治の奥深さを、渡辺は実感していた。

御厨は、「戦前派」と「戦後派」が渾然一体となって保守合同が行われた経緯から、自民党という戦後保守勢力が、戦前から断絶した面と連続した面を併存させている点に着目する。

「公職追放から戻ってきた政治家たちは、戦前は民政党〈戦後は主に日本民主党入党〉、あるいは政友会〈戦後は主に自由党入党〉という二つの保守党にいましたが、戦後に勢力を増してきた革新勢力に対抗するために保守合同を行いました。戦前に二大政党として争っていた政党同士が、保守勢力として一枚岩になったのです。戦時中は多くが日和見的態度だったので、軍に対してある程度協力した政治家も多かったのですが、そうした人たちも一緒になって保守合同が行われたことに、ある種の戦前からの連続性があると思います」

自民党の成立過程を研究した一橋大学教授の中北浩爾も、多様な価値観の政治家たちが「保守」という大きな枠組みの下で合同して自民党が結党されたとした上で、戦後的価値観との分岐が明確になっていったのは、その後の一九六〇年代であると指摘する。

「社会主義や共産主義に反対する人がまとまって、自由主義者から国家統制派までが合流して結成されたのが自民党です。戦前からの断絶部分と連続部分がごった煮となった形で保守合同が行われました。こうした状態から戦後的保守が分岐していった端緒が、一九六〇年代前半、池田勇人内閣を支えた宮澤喜一ら宏池会《こうち》のニュー・ライトと呼ばれた人々の登場でした。安保闘争などのインパクトもあって、戦前回帰的な色彩を持つ自主憲法の制定という党是から距離を取り、日本国憲法の枠内で外交・安全保障などの政策を進めていく。このような戦後的保守は保守本流と位置づけられ、長らく自民党の主流を占めてきました。それに対抗して自民党らしさを取り戻し、再び自主憲法の制定の党是を掲げようとして一九九〇年代半ば以降に台頭したのが、安倍晋三元総理を中心とする自称『真正保守』です」

保守合同の行われた一九五〇年代中盤、「神武景気」と呼ばれる好景気の中で、戦争の爪痕からの復興が進んでいた。一九五六（昭和三一）年の経済白書には、「もはや戦後ではない」と記述され、一人当たりのGNP（国民総生産）が戦前の水準を超えるまでに回復した。家電を中心とした耐久消費財も登場し始め、電気冷蔵庫・洗濯機・白黒テレビが「三種の神器」ともてはやされた。

この頃、渡辺と共に永田町を取材していた若手記者には、後に佐藤栄作の首席秘書官として活躍する楠田實（産経新聞）、田中角栄の秘書として名を馳せる早坂茂三（東京タイムズ）、渡辺の親友であり政治評論家として活動する三宅久之（毎日新聞）らがいた。渡辺は激しい取材合戦を通じて、永田町の権力闘争と人間模様に肉薄する醍醐味に魅せられていく。

派閥の領袖　大野伴睦

自由党と日本民主党が合同して誕生した自由民主党は、様々な派閥の集合体であった。こうした経緯から結党以後も、党内では派閥単位で熾烈な権力闘争が繰り返されていた。この頃渡辺は、ある派閥の領袖の寵愛を得て、政治記者として一気に頭角を現していく。

その人物の遺墨が、主筆室の入り口に大切に飾られていた。「義理と人情とやせがまん」という政治家らしからぬ浪花節のような言葉が、掛け軸に豪快な筆致で墨痕鮮やかに揮毫されている。この書を渡辺に贈ったのは大野伴睦、自民党初代副総裁や衆議院議長などを歴任した重鎮で、四〇名以上を擁する有力派閥・大野派を率いる領袖だった。後に渡辺は大野を「欠点と長所、正直さと策謀、人の好さと怜悧さ、果断さと慎重さ、そうした両極端を同時に混在させた人物[10]」と評した。その人となりを、渡辺は懐かしそうに語った。

「大野伴睦は本当におもしろい人だったからね、裏表全部知っているから。俺は幼い頃におやじを亡くしているから、大野伴睦というのは父親みたいな感じがしたね。向こうも、息子より可愛がってくれたからね」

大野伴睦は岐阜県谷合村（現山県市）の出身だ。立憲政友会の院外団活動を経て、東京市会議員から国会議員に転身した生粋の党人派である。「猿は木から落ちても猿だが、代議士は選挙に落ちればただの人」の言葉を残したことでも有名だ。選挙区でもある地元の岐阜羽島駅前には、大野伴睦夫妻の勇壮な銅像が建っている。自身の生まれ年の干支である「寅」の小物や装飾品を収集していたことでも知られる。渡辺と共に写っている写真にも、虎の置物が数多く置かれている。大野は「義理と人情とやせがまん」の掛け軸の通り、人情味のある人柄で親しまれた。

大野伴睦の評伝を執筆した拓殖大学教授の丹羽文生は、大野が一般大衆にまで親しまれていた側面を、取材の過程で実感したという。

「関係者にも話を伺いましたが、大野伴睦に接したことのある方はもちろん、直接の面識がない人でも、年配者は大野のことを一様に『バンボクさん』『バンちゃん』と呼ぶ。まさに大衆政治家と言われた大野伴睦の面目躍如といった所でしょう」

「義理と人情」の言葉に違わず、大野派は濃密な人間関係で知られ、自民党の派閥の中で最も団結の固いグループとも言われていた。派閥のメンバーは、領袖である大野の下で一致結束し、大野も派閥メンバーに対して人事面や資金面などで面倒を見た[11]。後に党の全国組織委員長などを務める大野派の辻寛一は、派内の雰囲気について、次のように語っている。

「一口にいって、何とあたたかい、いいもんだろう、と思った。（中略）慈父の如き家長の観ある〔大野〕先生に接して、今更のように大野派の団結は強いと、いわれてきた事が合点されて、大野派に入った身の冥利を感謝した」[12]

大野の墓は東京都大田区の池上本門寺にある。墓石の前には虎の像が鎮座する。大きさは二メートルほどもあり、元々は大野の自宅の庭にあった石像を移したものだという。墓石に向かって左側の石灯籠には、大野の秘書だった山下勇、興亜建設社長を務めた大橋富重の名前と並んで、「渡辺恒雄」の名前が刻まれている。渡辺と大野の昵懇さが窺える。墓は大区画で格式のある造りではあるが、周囲の同様の区画の墓に多く見られる柵や扉はなく、大衆政治家と言われた大野を彷彿とさせる。同じく池上本門寺には、「政界のフィクサー」とも呼ばれた児玉誉士夫《よしお》や、政界に深く関与し、大言壮語な言動から「永田ラッパ」の異名をとった大映社長の永田雅一、旧三井財閥系の北海道炭礦《たんこう》汽船（北炭）グループの総帥で「政商」とも呼ばれた萩原吉太郎ら、大野と深い親交があった政財界の大物が共に眠っている。泉下《せんか》でもなお集い、政治談義に花を咲かせている姿が目に浮かぶ。

大野の戦争体験

戦前に大野もまた、戦争に伴う政治状況の変化で悲哀を味わっていた。鳩山一郎の側近だった大野は、「一国一党」を標榜し、全ての政党が解散して参加した官製組織「大政翼賛会」に鳩山と同様、激しく反発する。そして議会政治の復活を掲げた衆議院の院内会派「同交会」に鳩山らと参画した。メンバーには、憲政の神様と言われた尾崎行雄、戦後に総理大臣を務めた片山哲、芦田均らが名を連ねた。その後、一九四二（昭和一七）年に行われた翼賛選挙で、大野は翼賛政治体制協議会からの推薦を受けずに立候補するが、官憲による激しい選挙妨害を受け、落選の憂き目に遭う。同交会に所属していたメンバー三七名のうち、当選したのは鳩山ら九名にとどまり、落選者は二〇名に上った。[13] この選挙では、翼賛政治体制協議会の推薦候補は四六六名のうち八割を超える三八一名が当選する一方で、非推薦候補は六一三名のうち八五名と一割台前半の当選にとどまった。

大野はこの時期を後に振り返り、「翼賛会反対の同交会時代が一番苦しかった。しょっちゅう憲兵につきまとわれて辛い思いをした。しかしあの時代に体制に反逆したものが正真正銘の政治家だ」と述懐していたという。[14] さらに当時抱いていた思いを、次のように語っている。

「わしが激しく軍部にさからったのは、生涯の情熱をかたむけた〝政党政治〟を、いろいろな美名のもとにつぶしたことへの、憤りがあったからだ。その意味で、政党の代わりにでてきた御用政治団体の大政翼賛会や同じ政治会とは、こんりんざい、手を握る気持になれなかった[15]」

大野や鳩山ら翼賛体制に反対した一群の政治家の存在によって、日本の議会政治は戦前から戦後にかけての連続性を辛うじて失うことなく、戦後の政党政治の再出発を速やかにはかれたとの評価もある。[16] 渡辺もこうした経歴を持つ大野と意気投合したという。

「『まあ人情を一つ』というのが大野伴睦だ。戦前の政友会時代からの政治家だから、原敬がどうしたとか古いことを色々知っていて、随分勉強になった。鳩山一郎の子分だから、戦時中から反戦派だ。政友会の反戦派ですよ。だから、終戦直後はそういう人たちが山ほどいた。戦争万歳というやつは、みんな追放された。その残りを押さえたら、みんな自由主義者。反戦・反軍主義者だ。だから、気が合うわな」

戦前は翼賛体制への抵抗を続け、落選の悲哀を味わった大野だが、「人間万事塞翁が馬」とでもいうべきか、そのことが終戦後に幸運を呼び込む。翼賛体制への不参加を貫いた大野は、衆議院議員の八割にも及んだ公職追放に遭わずに済んだのだ。そして鳩山に従って自由党に所属するが、鳩山が公職追放された後も党内で要職を歴任する。外務官僚出身で党務に必ずしも明るくない総裁の吉田茂を幹事長として支え、林譲治や益谷秀次とともに「党人御三家」と呼ばれた。その後、鳩山が政界復帰し日本民主党を設立した際に、戦前の鳩山側近の多くが吉田の下を離れ鳩山の下に走る中でも、大野は自由党に残り、鳩山との関係を絶やさずに吉田を支え続けた。丹羽は、義理人情に厚い大野が、戦前の鳩山の側近でありながら戦後は吉田自由党の屋台骨を支え続けた理由について、次のように語る。

「大野は自身が党人政治家であることを誇りに思っていました。常々『院外団は旗本精神』と語っていて、旗本が主君を守るように党総裁を支えるべきだと考えていました。党人たるもの、党のトップになった人物には忠誠を尽くすべきだとの考えだったのでしょう。そうした考えから、戦前の鳩山側近の多くが反吉田の日本民主党に走っても、大野は吉田の率いる自由党に残ったのです。ただその際にも鳩山に涙を流しながら仁義を切って、鳩山との関係も維持し続けたのが大野らしいですね」

〝懐刀〟となった渡辺

渡辺はこの大野伴睦の寵愛を一身に受けていく。きっかけは、「オフレコ破り」で大野の逆鱗に触れたことに対する渡辺の対応だった。大野番となって間もない頃、渡辺の得たオフレコ情報を、当時の上司が無断で記事にして公にしたことがあった。激高した大野に渡辺は「オフレコ破りをしたのは自分である」と、自らの非でないにもかかわらず率直に詫びた。その態度が大野の琴線に触れ、急速に両者は近しい間柄となったのだ。大野の信頼を得た渡辺は、その懐刀として、政局の進言から派閥内の人事案の作成、他派閥領袖との折衝まで任されるようになっていた。

渡辺と大野の関係の近さが窺える映像を、番組の制作過程でＮＨＫのアーカイブスから発見した。最も驚いたのが、首相官邸に入る大野と歩く渡辺の姿が記録されていた映像だ。そこには大野の傍らに寄り添って歩く渡辺を収めた映像だ。

大野と官邸に入る渡辺

だ。編集室のモニターにその姿を認めた私は、驚きのあまり編集マンと共に思わず「あっ」と声を上げた。さらに大野派の会合でも、並み居る幹部の横に悠然と着席し、発言している様子が記録されていた。大野と渡辺が一緒に映っていた映像は、番組編集中に確認できたものだけで四件に上った。しかも、いずれもただ映り込んでいたという類いのものではなく、大野の傍らに参謀然として堂々と肩を並べて歩いていたり、派閥の大番頭のような雰囲気で発言したりしている映像ばかりである。大野から厚い信頼を寄せられている様子が、映像からも垣間見える。当時の渡辺はまだ一記者であり、アーカイブスのキャプション説明には当然情報は明記されておらず、検索システムでは探し当てることができない。そのため、期せずして若き日の渡辺の姿を映像で初めて目にした時の興奮は、名状しがたいものがあった。

渡辺の大野への影響力は、どのようなものだったのか。渡辺と政治取材でしのぎを削ったライバル記者が健在だった。毎日新聞政治部の記者だった西山太吉だ。後に外務省機密漏洩事件の当事者となった西山は、山崎豊子の小説『運命の人』のモデルとしても知られている。

私は福岡県北九州市の西山の自宅を訪ねた。西山は山口県下関市出身で取材当時は八八歳、渡辺の五歳年下に当たる。鋭い眼光が往年の辣腕記者時代を彷彿とさせる。西山との話題は渡辺との出会いから記者時代のエピソード、現在の政治状況に対する考えなど多岐に及んだが、年齢を全く感じさせない張りのある野太い声で、数時間にわたって澱みなく話し続けた。社会への痛烈な問題意識を全身から発するような語り口は、今なお衰えないジャーナリストとしての矜持を纏っていた。当時の西山にとって、渡辺は並居る記者の中でも一頭地を抜く存在として映っていたという。

「派閥のトップ記者どころじゃない、もう派閥を代表するような記者、大野派のとにかく傑出したナンバーワン記者ですよね。だから政治記者の中でも有名でしたよ。とにかく『読売に渡辺あり』であり、渡辺恒雄は格別な待遇でした。大野の側近中の側近で、むしろ代議士よりも近いような関係になっていて、そういう面はもう轟き渡っていました。大野伴睦については、取材するというよりも常にアドバイスする。そして大野に色々な知恵を授けるとか、そういう深い関係になっていった」

西山太吉

大野の懐深くに入り込み、取材者としてだけでなく、軍師のように知恵を授ける関係にまでなっていたという渡辺。その影響力は、絶大なものだったという。

「組閣の際には、大野伴睦と入閣推薦候補を選定する作業を一緒に行っていました。『今回はこの議員を大野派として入閣させよう』という働きかけです。並の政治家よりも、はるかに力がありますからね。普通の入閣推薦候補よりも、渡辺恒雄のほうが、事実上政治的な動きが強かったとも言えるのではないでしょうか。だから派閥のヒラ議員は、みな渡辺に接近して、協力を得たいという気持ちになっていくわけですよね。

渡辺はこうした大野への影響力を背景にして、河野一郎はじめ、他の党人派系の指導者にもつながりを持つようになっていきました。各派閥のリーダーは、そういうトップ記者から情報を得たり、自分たちの思惑を伝えるメッセンジャーにしたりするんですね。だから渡辺は大野派ナンバーワン記者として他派閥からも重宝されて、取材の裾野が大きく広がっていましたよ」

後にNHKの「ニュースセンター9時[17]」の初代キャスターを務める磯村尚徳《ひさのり》も、当時の渡辺の姿に衝撃を受けた一人だ。海外で幼少期を過ごし語学が堪能だった磯村は、NHK入局後、外信部やインドシナ、ヨーロッパ総局パリ支局特派員を務めるなど、国際派記者としてキャリアを重ねていた。その後、「海外に偏ったキャリアになるから国内のことも勉強せよ」と上司に言われ配属されたのが、政経部（現在の政治部および経済部）の大野派担当だった。国際畑を歩んできた磯村にとって、自民党内でも最も「浪花節的」雰囲気が強いと言われていた大野派担当となったのは、青天の霹靂《へきれき》だったという。そして初めて大野に挨拶に行った際、その傍らにいたのが渡辺だったという。磯村は取材当時九〇歳であったが、年齢を全く感じさせない矍鑠《かくしゃく》とした話しぶりで、渡辺との出会いについて語った。

「『永田町の中でも一番日本的な派閥を担当せよ』という相当ラフな局内の議論で、大野派を担当することになったわけです。そこで先任記者と一緒に大野伴睦さんのところへ行って、『このたび大野派担当になりました磯村と申します』と御挨拶をしたわけです。その時に横にいたのが、ナベツネさんでした。大野さんは碁を打っていて、話を聞いてないような風情だったのですが、ひゅっと私のほうを向いてね。『おぉ、大野派にパリジャンか』と言うんですよね。これが大野伴睦さんとナベツネさんと私の第一の出会いでした。
ナベツネさんはわざと柄を悪くしたようなところがあって、普段は駄洒落を言ったり、女性に聞かせたらちょっと顔が赤らむような話題とか、学歴は一切感じさせないようなところがありましたね。ただ人を見て法を説くようなところがあって、柄の悪い話を同業の我々にはするけれども、例えば中曽根さんのような勉強家とは、高い教養のある話を交わしていたと、間接的にも聞いたことがあります。だから使い分けていたんだなと。大野派内ではそういう教養のある話は全然出なかったですけどね。最初はそれになじめなかったけれども、だんだんと彼の真価が分かるようになりました」

あえて露悪的に振る舞うこともあったという渡辺だったが、ほどなく磯村は渡辺の大野への影響力を知ることになる。

「我々新参者は、家の最も格式の高い奥座敷での取材を許される記者を『奥座敷組』と呼んでいました。一方で玄関に入るまでしか許されず、家にも上がれない記者は『玄関組』と呼ばれていました。私なんかはもちろん玄関組でしたよ、行ったばっかりですしね。私が大野派を担当したころは、渡辺さんは既に奥座敷組というものを通り越して、常に大野さんの横で睨みを利かせていました。もう中川一郎秘書（後の農林水産大臣、青嵐会代表世話人〉を超えるような存在に見えましたね。一記者でありながら、他派閥の長や担当記者から大野さんの情報を求められるような存在になっていましたね。ジャーナリズムに対する矜持も絶えず持っていて、大野さんに『先生、これはどうなんですか』という質問をするのは聞いたことがないですね。むしろ『俺はこう思うんだけど、あなたどう思う、副総裁』というような質問なんですよね。あえて言えば、私が政治記者になって出会った最も政治記者らしい人物が、ナベツネさんということになると思います」

御厨は、戦後政治における政治家と政治記者の関係性から敷衍《ふえん》して、渡辺と大野の間にあった利害得失の一致も指摘する。

「渡辺さんが大野伴睦の取材に力を入れた時代というのは、渡辺さん自身が読売社内で、生きるか死ぬかの死闘をやっているときです。自分の友軍である大野伴睦、それはやがては中曽根康弘になりますが、彼らの出世と渡辺さん自身の出世が、ある意味重なってくるわけです。渡辺さんから見て、大野は総理総裁になるような人ではなかったかもしれない。せいぜい副総裁か衆議院議長止まりと思っていたかもしれないけれど、逆に言えばそこまでは持って行けるような人物を、自分の手中に握っているというのは、渡辺さんとしてはすごく楽しかったんだろうと思います。これが一番彼の元気が出たときだと思います」

渡辺はどのようにして取材相手の信頼を得ていったのか。「あえて書くことを抑制することで相手の信頼を得る」という自らの取材手法について、次のように語る。

「抑制しながら記事を書いたほうが、はるかに特ダネの量が多いんですよ。本人の嫌なことは書かない。少しずつ書いても全部特ダネになる。それで十分です。『取材するやつが、取材対象にあまり近寄っちゃいかん』と馬鹿なことを言うやつがいるが、近寄らなきゃネタを取れない。書いちゃいかんと言われているのに、それを全部書いていたら、二度と会ってくれなくなる。みんな書いてたら、いつまでたってもベタ記事しか書けない記者になっちゃうの。行き当たりばったりで政治家が本当の話をするなんていうのは、絶対にあり得ない。食い込んでから小出しにすることだ。『これは本当に書かんでくれよ』と言われたことは書かない。そうすると『もう大丈夫だ』と、次から次へ『王様の耳はロバの耳』みたいな調子で、全部しゃべってくれるようになるんだよ。池田勇人も佐藤栄作も大野伴睦もみんなそうだったよ。河野一郎、鳩山一郎も、全部そうなの。貯蓄が必要なんだ、新聞記者っていうのは」

後に大野について回顧した文章でも、渡辺は次のように綴っている。

「私は、彼から当時の最高政治機密をあまるほど聞いた。（中略）『大野番』時代の記者としての私の最大の苦痛は、彼からもらった特ダネを書かずにしまっておくことだった。記者商売の哀歓を、彼は知りつくしていた。だから時折り、ＯＫの信号を出してくれ、特ダネをものにしたこともあった。しかし、個々の事柄について書けなくても、時の政治の動きを追っかけ、正確な判断をする上で、その情報はきわめて役立った。これは、たった一度の特ダネ意識で、この政治家をあざむくより、記者としての私にとって、はるかに得るものが多かった、と信じている[18]」

権謀術数の渦巻く政治の世界に飛び込み、大野伴睦の懐刀となった渡辺は、永田町で一気に頭角を現していった。この後、名だたる大物政治家と渡り合いながら、戦後日本の舞台裏に深く関わっていくことになる。

第五章

岸信介と安保改定

民意を得られなかった〝戦前性〟

渡辺恒雄　三四歳

一九六〇年　新日米安全保障条約自然成立時

権力の移行とともに、
みんな変わり身早かったね

岸信介と渡辺

〝昭和の妖怪〟岸信介

渡辺が大野伴睦の懐刀として永田町でその名を轟かせ始めた頃、総理大臣として政権を担い、権勢を振るっていたのは岸信介だった。

終戦後、岸はA級戦犯容疑者としてGHQに逮捕され、吉田茂が政権を担っていた時代には、巣鴨プリズンに収容されていた。しかし約三年の獄中生活を経て釈放され、公職追放が解除されると一九五三（昭和二八）年には政界に復帰し、飛ぶ鳥を落とす勢いで自らの勢力を拡大させていった。

「独立の完成」「占領体制からの脱却」を掲げた岸は、戦後の基盤となっている制度や仕組みが占領軍によって形作られたものだと主張し、それを主導したと見做した吉田茂と時に激しく対立した。政界復帰直後には反吉田勢力を糾合して、鳩山一郎らと日本民主党を結成し、吉田を退陣へと追い込む。一九五五（昭和三〇）年には、保守合同による自民党結党を主導し、党の初代幹事長に就任した。そして政界復帰のわずか四年後の一九五七（昭和三二）年には総理大臣の座に就き、政界の頂点を極めた。A級戦犯容疑者の身から権力の階梯を一気に駆け上がった人物像は〝昭和の妖怪〟とも形容される。
渡辺は、岸の勢力拡大に伴って変化する政界の空気を間近で冷徹に観察していた。

「吉田内閣のときに、自由党のパーティーが目黒の首相公邸[1]であった。大きなこうもり傘の下にテーブルを置いてね。そのときに、たくさんの人が集まってね、吉田さんや佐藤栄作さん〔当時自由党幹事長〕の周りは群をなしていたね。
だけど岸さんには、誰も話しかけもしない。相手にする人はいなかったね。たった一人で庭の外側をちょろちょろと歩いていた。寂しそうに見えたね。あんな戦前の権力者の岸さんも、今の自由党では誰の相手にもされない。しかし、吉田内閣が倒れたら、岸さんのところにずるずるずるっと、吉田さんや佐藤さんの家に通った政治家たちが、みんな岸邸へ岸詣でするようになる。権力の移行とともに、みんな変わり身早かったね」

渡辺は自らの著作において、この時の岸を次のように描写している。

「未来の宰相岸はその庭園の隅の方をひとりしょんぼりと散歩していた。岸信介は当時自由党に入党したばかりで、もちろんすでに戦後政界での惑星的存在となっていたが、実弟の栄作のハブリ〔の〕よさにくらべ、いかにも岸の周囲は淋しい感じがして、その一人歩きする姿に私は妙に強い印象を受けたものである。その彼が、今ではその時のワンマン

（吉田）を叩き落とし、政権の首座に世をときめき、当時争って吉田ワンマンをとりまいていた連中に、チヤホヤととり入られているのだ。（中略）政界の離合集散の間に、人の情は紙よりも薄い。まして金力と権力によって急速に膨張した岸派の場合も、同じように岸信介がいつの日か砂を嚙むような思いで、過去の栄華を想い起こす日を迎えないとは限るまい[2]」

岸の戦争認識

公職追放解除後に権力の頂点に一気に上り詰めた岸信介は、戦時中に憲兵隊に逮捕された吉田茂や、翼賛体制に抵抗した鳩山一郎や大野伴睦とは、異なる戦前のキャリアを歩んでいた。

商工官僚だった岸は、二・二六事件の起きた一九三六（昭和一一）年に満州国に渡り、産業部次長として計画経済を強力に推進した。当時の一大コンツェルンだった日産を満州に誘致するなど辣腕を振るい、満州の実力者である「二キ三スケ」にも数えられた。（「二キ」＝東條英機・関東軍参謀長、星野直樹・満州国国務院総務長官、「三スケ」＝松岡洋右・満鉄総裁、鮎川義介・日産コンツェルン総帥、岸信介）

そして太平洋戦争開戦の二ヶ月前の一九四一（昭和一六）年一〇月には、四四歳の若さで東條英機内閣の商工大臣に就任、閣僚として対米英開戦の詔書に署名する。さらに軍需省の次官兼国務大臣も務め、戦時体制を主導した。

岸の戦争への認識が示されている和歌が、山口県周東《しゅうとう》町の民家に残されていた。岸が終戦直後、第一高等学校時代の恩師である杉敏介に宛てた和歌だ。孫の杉征豪《ゆきひで》氏によって、今も大切に保管されている。岸がGHQに逮捕されたことを知った杉は、「命に代えても惜しむべきは名である」との和歌を岸に贈った。この和歌に対して、岸は次のような返歌を杉に贈った。

「名にかえて　聖いくさの正しさを　萬代までも伝へ残さむ」
（大意　自分の名にかえて、聖戦の正しさを、万代まで伝え残したい）

後の証言でも、戦争に対する自らの責任を次のように語っている。

「戦争責任ということに関していえば、アメリカに対して戦争責任があるとはちっとも思っていないよ。しかし日本国民に対しては、また日本国に対しては責任がある。ともかく開戦にあたっては詔書に副署しているし、しかも戦争に敗れたという責任は自分たちにもある」[3]

東京大学名誉教授の御厨貴は、岸の戦争認識について、次のように語る。

「満州で岸は統制経済を行い、成功を収めて帰ってきて、今度は戦時体制の中で商工大臣となり軍需次官兼国務大臣となり、また経済統制をやるわけでしょう。この国を戦争に勝たせたかったんだろうと思うけれども、それはうまくいかなかったわけです。だからといって彼にとって、戦争したことに対する後ろめたさというものはないと思います。あれだけのエリートが大日本帝国にかけた情熱というのは嘘じゃない。だから敗戦ぐらいで折れ曲がり、大反省するようなことはなかったと思いますね」

渡辺はこうした戦時中の経歴を持つ岸に対して当時、必ずしも好意的な感情を持っていなかったようだ。岸は一九五六（昭和三一）年、鳩山一郎の総理退任後に行われた自民党総裁選挙に立候補した。この選挙で石橋湛山、石井光次郎と総裁の座を激しく争った。選挙の多数派工作をめぐる合従連衡《がっしょうれんこう》の結果、総裁候補を擁して権力闘争を勝ち抜くという派閥の姿が輪郭を明確に現していった。渡辺によれば、このとき多くの新聞記者は、岸の対立候補である石橋湛山の方に親近感を持っていたという。

「岸さんは、もともと商工官僚で東條内閣の閣僚もやって、開戦の詔書にサインをした。しかも巣鴨プリズンに入っていましたからね。あの経歴は彼にとって非常にマイナスで、東條内閣の閣僚であったということは、マスコミからすると相当な減点なんですよ。それに対して石橋さんは戦中から反戦論を唱え、かなり大胆な自由主義者、反軍国主義であった。それで、新聞記者の多くは石橋さんを応援していた」

この総裁選挙の第一回投票で、岸は一位となったものの過半数を取れなかったため、勝敗の帰趨は決選投票に持ち込まれた。そこで岸にとっての誤算が生じる。二位で決選投票に進んだ石橋と三位だった石井が、「二位・三位連合」の取り決めを密かに交わしていたのだ。その結果、岸は石橋に七票の僅差で敗れた。しかし石橋が病のために総理就任後わずか六五日で退陣を余儀なくされたため、副総理格の外務大臣として入閣していた岸は後継に指名され、一九五七（昭和三二）年二月、総理大臣に就任した。

安保闘争と岸内閣退陣

総理の座に就いた岸が、政権最大の課題として取り組んだのが、日米安全保障条約の改定だった。占領体制からの脱却を掲げる岸にとって、吉田茂が一九五一（昭和二六）年にサンフランシスコ講和条約と同日に結んだ日米安全保障条約は、「アメリカによる占領の継続」であると認識されていた。

この条約では、日本の独立後もアメリカ軍が引き続き駐留することが認められていた。さらにアメリカによる日本の防衛義務がなく、極東の平和と安全維持のためにアメリカ軍が日本の基地を利用でき（極東条項）、日本国内の内乱鎮圧のためにアメリカ軍が出動できること（内乱条項）、第三国に基地供与が禁止されていることなどが、その内容に盛り込まれていた。この条約を単なる「駐軍協定」であり、占領の延長である不平等条約そのものであると認識していた岸は、その改定に「政権のエネルギーの七ないし八割を傾注した」[4]と述べている。

岸は紆余曲折を経ながらも、一九六〇（昭和三五）年一月、新たな日米安全保障条約の調印にこぎ着ける。条約にはアメリカの日本防衛義務や条約期限の明記、経済条項などが盛り込まれ、主権国家として問題視されていた内乱条項なども削除された。条約改定で形式上、一定程度の対等性が担保されたとの評価がある一方で、「アメリカによる基地の自由使用」という根源的問題は積み残され、現在に至っている。

岸にとって条約発効のために残っていた最大の関門は、国会による承認だった。しかし、この国会承認をめぐり、反対運動である安保闘争が燎原《りょうげん》の火の如く燃え広がっていく。安保闘争は、五月一九日の衆議院での自民党単独採決をきっかけに一気に激化し、全国各地で空前の広がりを見せた。終戦から未だ一五年、人々の間にはまだ戦争の生々しい記憶があった。そして六月一五日には、デモに参加していた東京大学文学部四年生の樺《かんば》美智子が、警官隊との衝突の中で死亡する。樺の死の当日深夜に政府は臨時閣議を開き、声明を発表した。

「このたびの全学連の暴挙は暴力革命によって民主的な議会政治を破壊し、現在の社会秩序をくつがえさんとする国際共産主義の企図に踊らされつつある計画的行動にほかならないのであって、もとより国民大多数の到底容認し得ざるところである。われわれは自由と民主主義の基盤の上にはじめて真の平和と繁栄が築かれることを体験を通じて確信しているがゆえに、これらを破壊せんとするいかなる暴力にも屈することなく完全にこれを排撃し、もって民生の安定を守りぬかんとするものである。

計画的破壊活動に対して治安当局のとれる措置は当然のところである。国民諸君においても今回の不祥事件の背後にひそむ本質を見きわめ一層の理解と協力あらんことを要望してやまない[5]」

渡辺は安保闘争の大きな節目となったこの出来事に、当事者として深く関与していたと証言する。政府高官から依頼され、この政府声明原案を密かに執筆したのが、渡辺だったという。

「椎名悦三郎官房長官から頼まれて、首相公邸で声明を書いた。僕が書いた声明をそのまま記者会見で、官房長官が読み上げた。内容は頭に入っていたけど、僕は会見で初めて聞いて書いたようなふりをしてたね。

ただすぐに気がついたのは、僕の原稿では『樺美智子さんには哀悼の意を表する』と入れてあったのが消えていることだ。僕の書いた原稿を閣議にかけたら、『樺美智子なんて反体制派で、死んだのは政府の責任でも何でもねえんだから、哀悼の意を表する必要はない』という声が閣僚から出てきて、声明からなくなっちゃったんだね、あのときは」

なお椎名の秘書官（出向）を務めていた産経新聞記者の福本邦雄は、声明原案を書いたのは自分であると述べている。誰が原案を書いたのか真相は藪の中だが、福本も渡辺と同様に、原案の哀悼を述べた部分は閣議で削除され、「国際共産主義の陰謀」が強調される文面になったと証言している。「国際共産主義の陰謀」を付け加えるよう閣議で強硬に主張したのは、当時通産大臣だった池田勇人と大蔵大臣だった佐藤栄作だったという。[6] しかし、この声明がかえって火に油を注ぐこととなり、反対運動と岸政権への批判は頂点に達する。

樺の死の四日後の六月一九日午前零時、新しい日米安全保障条約は、衆議院の議決から三〇日が経過したため、憲法の規定により参議院の議決を経ることなく自然承認された。岸が政権の最優先課題に掲げた安保改定は、ここに実現した。しかしもはや岸に政権を維持する力は残されていなかった。樺の亡くなった夜に密かに総理退任を決意していた岸は、条約が発効した六月二三日、退陣を表明した。

渡辺は岸が政権を賭して行った安保改定について、後に次のように語っている。

「岸さんの安保改定は正しかったと思う。それは、旧社会党が後に安保条約を認めたくらいだから、歴史も実証していると思う。（中略）ただたしかに、当時はまだ戦争の恐怖が残っていた時代だ。『戦争は二度とごめんだ』という雰囲気が相当残っていた。だから、軍事同盟は物騒じゃないかと思う部分は、僕にもあったよ」[7]

御厨は、戦後政治史における岸の特異性について、次のように指摘する。

「明らかに戦前回帰と言われても仕方がないような、一種先祖返りをした特異な政権だったと思いますね。開戦の詔勅に署名してアメリカと戦った人が、何ら反省をすることもなく、今度はアメリカと協調して安保改定をやっていくというのは、どう考えても筋が通らないと思った人はかなり多いですよ。安保闘争があそこまで盛り上がったのは、『開戦詔書に署名して巣鴨プリズンに入っていた岸が、なぜ総理大臣をやっているのか』という素朴な、戦争体験をずっと持っていた人たちの違和感だと思いますね。『戦前に戻す総理だ』と思われてしまったところが、岸の悲劇でした」

〝政治の季節〟から〝経済の季節〟へ

岸の後継総理大臣となったのは、池田勇人だった。軽武装・経済優先路線をとった吉田茂の愛弟子の池田は「所得倍増計画」を掲げ、経済成長を最優先の目標に据えた。安保闘争で疲弊した人心を一新すべく、経済成長に政権の力を傾注したのだ。日本は憲法改正や安保改定を問う「政治の季節」から、豊かさを追い求める「経済の季節」へと移行しようとしていた。

池田の底流にもまた、自身の戦争体験があった。大蔵官僚出身の池田は、戦時中は主税局国税課長として軍事予算の捻出に奔走した。終戦直後には戦争遂行協力の責任を感じ、辞表を提出した過去もあった。[8] 新宿区信濃町の池田邸を頻繁に訪れ懇意にしていたという渡辺は、その人柄を懐古しつつ、戦争と経済の関係を次のように語った。

「池田とは仲良くしたね。彼は庶民的で、自分の家に記者を呼んでくれたりして、奥さんが酒をついで回るんだ。この政治家は変わってるなと思った。首相秘書官の伊藤昌哉がなかなかできた奴で、こいつが俺に目をつけて、人目に付かないようにお勝手から入れてくれた。それで俺は池田と仲良くなる、本当に仲が良かった。池田と俺は。

戦時中は、財界人が軍国主義に便乗して、軍需産業のおこぼれをもらって食いつなごうとした時代です。財閥が戦争の主体になったからね。どうしようもないね。もうけるためには戦争だ、そういう時代があったことは事実だ。やっぱり平和を維持するという前提での経済だよな。ちゃんとした経済政策をやったら、戦争は起きないんだよ。戦争が起きるのは経済をやらない国だ」

池田勇人と渡辺

御厨は、池田の経済に重心を置いた国家運営は、戦前へのアンチテーゼであると指摘する。

「池田はものすごく反省するわけでしょう。国民から税金を搾り取って、ただでさえ戦争経済で汲々としている国民を、さらに苦しい目に遭わせたのは自分であると。だから、敗戦のときに辞任しようとするわけね。自分自身も辞めると言っていて、周りにも辞めることを勧めていたのは、官僚としてそれなりの責任を取らなくてはいけないと思っていたからでしょう。ただ辞めることは許されず、その後政界に転じて『吉田学校』のトップエリートになっていった。

彼がやろうとした所得倍増計画の原点は、国民に貧困を味わわせてはいけないということです。これからは国民が金銭的にも幸せになることだということで、所得倍増計画を始めるわけですからね。国家というものを軍隊の力や武力で示すのではなく、経済力、通商能力で見ていくという考え方です。つまり吉田が最初に考え始めたことを、この時代に池田が完全に実現したということでしょう。そういう意味では、その前の岸総理と池田総理というのは、戦前派と戦後派というぐらい全く違うタイプの総理が出てきたというふうに言っていいでしょう」

第六章

密約と裏切り

政治家たちの権謀術数

渡辺恒雄　三四歳

一九六〇年　自民党総裁選挙実施時

だまし
だまされての世界、
だまされる方が悪い

大野伴睦と渡辺

群雄割拠する派閥を分析した初の著書

渡辺が政治記者として頭角を現していった一九五〇年代末の自民党では、有力派閥が群雄割拠し、生殺与奪の権をめぐって激しく競い合っていた。一九五五（昭和三〇）年に、吉田茂が直前まで率いた自由党と、鳩山一郎が率いた日本民主党との保守合同によって誕生した自由民主党。二つの政党が合併して誕生した経緯と、その後の総裁選挙をめぐる勢力争いの過程で、「八個師団」と呼ばれる八つの有力派閥が形成されていった。旧自由党系では、池田勇人、佐藤栄作、大野伴睦、石井光次郎、旧日本民主党系では、岸信介、河野一郎、石橋湛山、松村謙三・三木武夫の各領袖が率いる派閥である。

当時の選挙制度は一つの選挙区から複数の候補が当選する「中選挙区制」であった。自民党が過半数を獲得し政権を維持するには、一つの選挙区から複数の候補を当選させる必要があった。例えば定数五の選挙区では、同じ自民党内から三名から四名の候補が派閥ごとに立つことが一般的であった。自民党候補が、社会党や共産党などの革新政党支持者から票を得ることは困難であったため、最大のライバルは、同じ党に所属する他派閥の候補

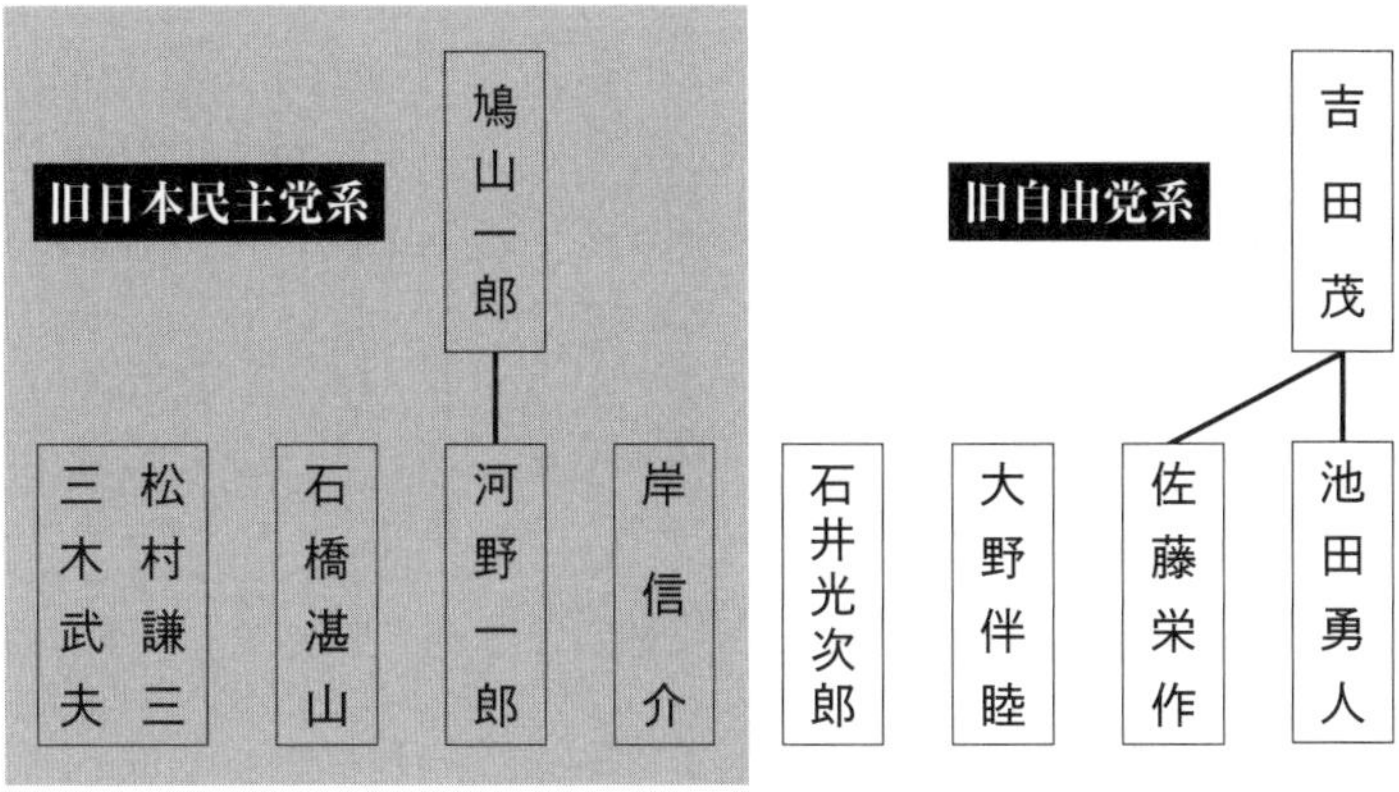

1950年代末の自民党派閥

者であった。その帰結として必然的に派閥抗争が激化した。派閥は「党中党」と呼ばれるほど自立性の高い存在であったのだ。一橋大学教授の中北浩爾は、派閥を「党執行部から自立した国会議員の互助組織」と指摘する。[1]

　また自民党が結党以来導入した、公選による総裁選挙も派閥抗争に拍車をかけた。当時は党員投票も導入されておらず、国会議員の投票のみで勝敗の帰趨が決したため、各派閥の領袖は総裁の座をめざして自派閥の勢力拡大にしのぎを削った。領袖は、夏場に支給する「氷代」、年の瀬に支給する「餅代」を始めとした金銭面、そして党役員や閣僚ポストなど人事面の両面で、自派閥の議員を支援した。その見返りに派閥の陣笠議員は領袖に忠誠を尽くし、総理総裁に押し上げるべく奔走するという「御恩と奉公」に近いような関係が、派閥内に存在した。

　戦後の自民党政権では、自立性の高い派閥間で政権移行がなされることで、政策が大きく転換された。最たる例が、岸政権から池田政権への政権移行で、「政治の季節」から「経済の季節」への転換が図られたことであろう。こうした自民党内の派閥間による政権交代は、「疑似政権交代」、「振り子の論理」とも呼ばれる。

中北は、派閥が意図せざる結果として自民党の多様性を担保し、その後の長期政権を可能にした点に着目する。

「近代的な組織政党を目指して導入された総裁公選が、かえって派閥抗争を激化させ、派閥が自民党内で定着していきました。派閥が持っている自民党の多様性や柔軟性を生み出す機能は、自民党長期政権にとって不可欠の要素となっていきます。分かり易いのは、疑似政権交代のメカニズムを自民党が獲得していくことですが、それが意図せざる結果として自民党政権の長期化に寄与し、一党優位政党システムが形成されました。自民党のような多様性と柔軟性を持ち合わせていることが、世界のあらゆる優位政党の特徴なのです」

渡辺はこの頃、自民党の派閥について独自の視点で、その構造や成り立ちに分析を加えている。初の著作となる『派閥』である。この中で渡辺は、派閥の行動原理や生成過程を社会科学的に分析した上で、冷徹な観察眼で派閥間の愛憎渦巻く人間関係を生々しく描写している。派閥の構造に大胆にメスを入れた著作として、今なお政治学の世界で参照されることも多い。

例えば大野派について、渡辺は同著で「大野派の団結は、子分たちの政策論議や思想統一によって維持されているのではなく、親分伴睦の人柄によってかたまり、その統制力はきわめて強大である」と述べている。そして派閥の特性として、①選挙に強く、派閥領袖からの資金提供を受けずに選挙をまかなえる代議士が多いこと、②領袖と陣笠間の義理人情、忠誠・保護の人間的結びつきが強固なこと、③派閥内の官職への序列維持にきわめて厳格な考えを持っていること、④官僚出身者が少なく、党人が圧倒的に多いことを怜悧に分析する。[2]

東京大学名誉教授の御厨貴は、渡辺の『派閥』について次のように評価する。

「ものすごく戦後の政治家の構造をよく捉えている。すごいですよ。『派閥』以後、あの類の本は出ないもの。いわゆる五五年体制の時代は、派閥を中心にして見ていかないと見えないものがある。渡辺さんは、流れていく政治の中の構造を見ようとしたわけですよ。これから自民党総裁選挙があることを前提にするならば、大事なのは数であり、今そこに生まれようとしている派閥をきちんと捉えないと、政治が分からないと思った。派閥は中選挙区制の下で総裁を目指すということに、ぴったりと合致したものでした。

多くの戦後の政治学者は、実は『派閥』の内容を使っているんです。だけどあれは常識だからと、本からの引用の形を取らない。だけど常識じゃないんです。渡辺さんが初めて、自民党の派閥構造と力学の中で政治が決まっていくことを予言した本なのです。僕なんかは随分使いました。もちろん内容の分析はジャーナリスティックではあるんだけど、アカデミズムも『おっ』と驚くようなものを、あの時点で書いたということがすごいわけです」

その上で御厨は、政治家の懐に食い込む人たらしの側面と、冷徹に人間を観察する側面の二面性が、渡辺の真骨頂だと指摘する。

「総体として言えば、渡辺さんはやっぱり人が好きなの。だから人との交わりの中で、『この人はどういうことをやる人なのか』ということを常に見ていた人だと思います。渡辺さんは派閥を構造的に捉えているけれども、派閥の中の人間関係もきちんと押さえている。イデオロギー的な対立はあるけれど、同じ政党の中でどういう政策をとるかを決めるのは、人間関係なんですよ。『政策は後から来る話で、政治は全部人間関係だ。政策なんか関係ない』とはっきり言っているわけですよ。政治家の一番の怖さは『嫉妬心』だと。だから同じ政策でいこうと思っていても、あいつがやる以上は絶対に俺はやれないということがある。これは今もあります。

渡辺さんのすごいところは、大野派を担当しながら、ほかの派閥にも手を出していたことです。多分彼は、色々な派閥にかなりの情報網を持っていたのだと思います。それは

『自分はこの人に尽くす』『この人だけを総理にするために頑張る』といった一般的な政治記者とは明らかに違うものです」

幻の「総理大臣禅譲密約書」

渡辺は激しい派閥抗争の中で、権力の頂点をめぐる権謀術数を目の当たりにする。時は総理大臣だった岸信介が退陣する一年半前の一九五九（昭和三四）年一月にさかのぼる。実はこの時、驚くべき秘密文書が、最高権力者たちの間で取り交わされていた。岸が党内の派閥領袖たちと、後継総理の順序を取り決めた「密約書」だ。渡辺は大野伴睦経由でその存在を突き止めた。

「僕は大野伴睦に聞いて『密約がある』と。『その文書を誰が持っているんですか』と聞くと、『児玉誉士夫君だ』と。『僕は児玉誉士夫に会ったことがないから、紹介してくれませんか』と言うと、その場で大野は電話をかけてくれたね。それで児玉の所へ行ったら会ってくれて、『密約をお持ちだそうですが』と聞くと、『あるよ』と言う。それを後日に取り寄せてくれて、自宅で見せてくれたんだ」

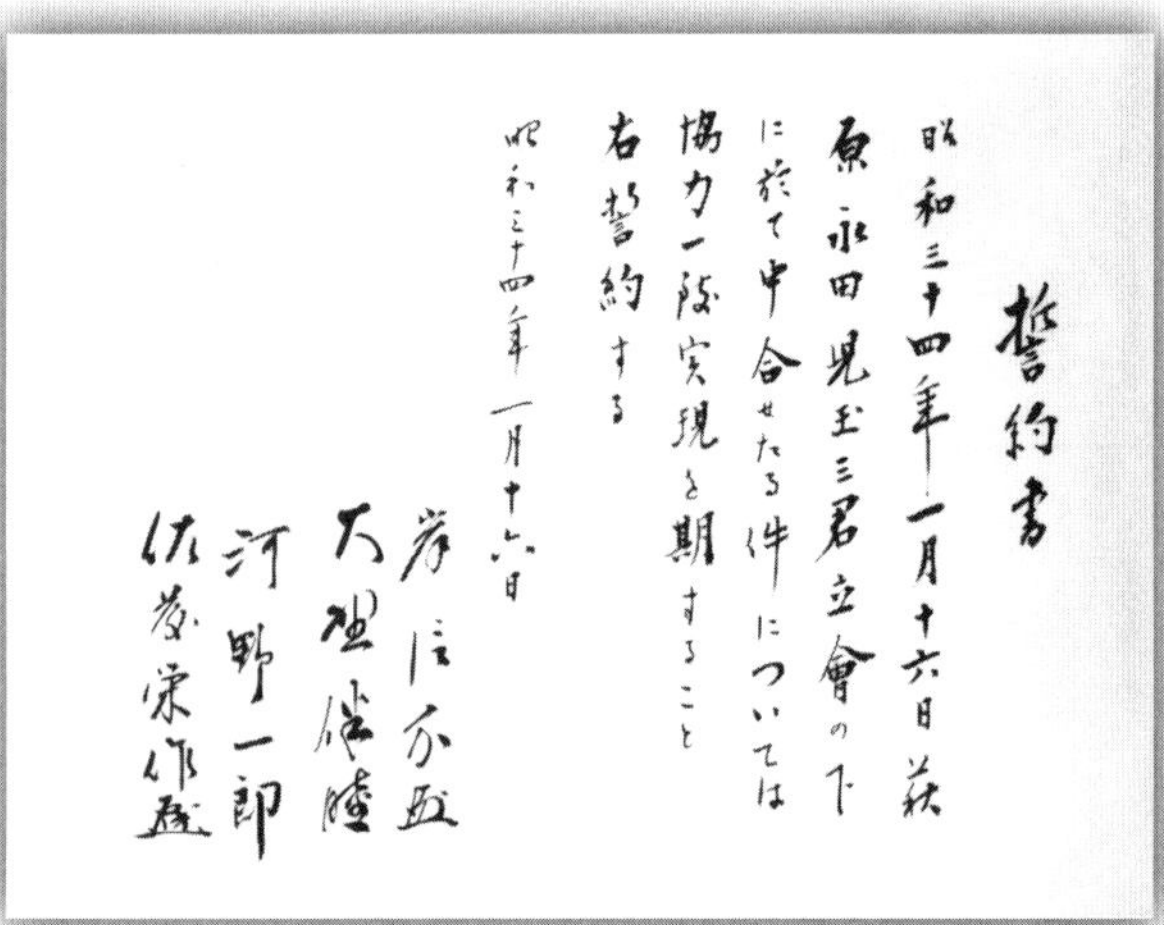

誓約書

昭和三十四年一月十六日萩原 永田 児玉三君立會の下
に於て申合せたる件については
協力一致実現を期すること
右誓約する

昭和三十四年一月十六日

岸信介
大野伴睦
河野一郎
佐藤栄作

渡辺の撮影した「密約書」

立会人として、密約の原書を持っていたという児玉誉士夫。戦前は軍の特務機関に身を置き、中国大陸で巨額の資金を調達した過去を持っていた。戦後はその資金力と人脈を背景に「フィクサー」と呼ばれ、数々の政治局面に関与したと言われている。鳩山一郎に自由党の結党資金を工面したと囁かれるなど、大野伴睦ら自民党の有力政治家と、緊密な関係を持っていた。

この密約書には、岸の次には大野伴睦、次いで河野一郎、佐藤栄作の順で総理大臣とすることに「協力一致実現を期すること」への「誓約」が明記されていた。この密約が交わされたのは一九五九（昭和三四）年一月一六日のことだった。帝国ホテルの光琳の間に岸と大野、河野、佐藤が集まり、大野と親交の深かった北海道炭礦汽船社長の萩原吉太郎、大映社長の永田雅一、そして児玉の立ち会いの下で、後継総理について取り決めが交わされたのだ。渡辺はこの密約書を児玉邸の庭石の上に置き、写真に収めたという。岸が自ら筆を執り、したためた証文だった。

なぜ岸は後継総理大臣まで約した密約書を作成したのか。背景には岸政権末期の激しい派閥抗争があった。一九五〇年代後半、「八個師団」の派閥は激しい勢力争いを続けていた。岸が政権最大の課題として掲げていた日米安全保障条約改定をめぐって、自民党内ですら賛否は割れた状態であった。そこに派閥単位の権力闘争が相まって、岸政権の屋台骨が揺るぎかねない事態となっていたのだ。とりわけ密約の交わされた一九五九（昭和三四）年の初頭にかけて、岸政権は重大な危機に瀕していた。前年に安保改定を見据えて成立を図った警察官職務執行法改正案が廃案となり、政権運営に党内外から厳しい批判が起きていた。さらに岸の苦境を見透かした池田勇人ら三閣僚が、政権を批判して辞任する事態となっていたのだ。自民党総裁選挙を間近に控える岸にとって、党内の支持を繋ぎ止めることは政権維持、そして安保改定実現に向けた必須要件となっていた。

東京国際大学名誉教授の原彬久《よしひさ》は、岸政権時代の「八個師団」の派閥について、「主流核」、「反主流核」、「日和見派閥」に分類している。[3] すなわち、岸政権の中核をなす「主流核」は、岸信介率いる岸派、岸の弟の佐藤栄作率いる佐藤派、岸に対して批判的で非妥協的な態度を貫く「反主流核」は、松村謙三と三木武夫の率いる松村・三木派、元総理の石橋湛山率いる石橋派、そして時と場合により協力と非協力を使い分ける「日和見派閥」は、大野伴睦率いる大野派、池田勇人率いる池田派、河野一郎率いる河野派、石井光次郎率いる石井派であった。

岸が党内基盤を固め、安保改定を推進する上で重要だったのが、「日和見派閥」の協力を得ることだった。この日和見派閥の中でも鍵を握っていたのが、党内第二派閥を率いていた大野伴睦だった。安保改定に政権の命運を賭けていた岸は、協力の見返りに、大野に次期総理の座を譲るという密約を交わしていたのだ。大野はこの申し合わせに従い党内の混乱収拾に乗り出し、密約の交わされた八日後の一九五九（昭和三四）年一月二四日に行われた総裁選挙でも、岸支持を打ち出した。その結果、岸は総裁再選を果たし、翌年に悲願の安保改定を実現する。

「白さも白し富士の白雪」

しかし、密約とは裏腹の政治の非情な世界を、渡辺は目の当たりにする。舞台となったのは岸の退陣表明直後、一九六〇（昭和三五）年七月に行われた自民党総裁選挙だ。岸からの支援を信じて疑わない大野は、次期総裁に名乗りを上げた。政権をいつまでも官僚出身者の手に委ねるのではなく、「純粋な党人の手で握り、理想的な政党政治の軌道に戻したい」[4]というのが、立候補の動機だった。この総裁選挙には大野のほかに、池田勇人、石井光次郎、藤山愛一郎、松村謙三が立候補に意欲を示していた。

五候補による激戦になるとみられた選挙だったが、岸との密約を交わしていた大野陣営には、終始楽観的なムードが漂っていた。この総裁選挙の四ヶ月前の三月にも大野は自ら岸と面会し、密約が有効であることを再確認していたのだ。[5] 総裁選挙の投票日が刻一刻と迫ってきた段階においても、大野の元には派閥のメンバーから、予定通り岸の支援を得られ、勝利できるとの情報が次々にもたらされていた。NHKに残されている当時の映像には、大野派の派閥会合の様子が記録されている。煙草を燻《くゆ》らせながら派閥メンバーが談笑する雰囲気は和やかで、笑顔を見せる大野の表情には余裕すら感じさせるものがある。実際に投票二日前の夜の段階でも大野陣営では、大野が一回目の投票で一七〇票を獲得し、一位となるとの確信を得ていた。そして決選投票では「党人派連合」を組む石井陣営の七〇票に加えて中間派などからの票も獲得し、過半数を得て勝利できると大野は踏んでいたのだ。[6] しかし渡辺は、全く異なる情報を得ていた。情勢取材のために岸に接触した渡辺は、その言葉に戦慄した。

「大野は密約が守られると思っていたんだよ。それで自分が総理になれると思ったんだ。だけど全然違った。僕は岸のところに談判に行ったことがある。『あの約束どうしてくれる』と言ったら、岸は俺の心境は『白さも白し富士の白雪だ』と言った。それは要するに、ノーだ」

「白さも白し富士の白雪」。その言葉は四年前の一九五六（昭和三一）年、岸が石橋湛山らとしのぎを削った自民党総裁選挙で、大野自身が岸に対して告げた科白だった。選挙戦で岸から協力を求められた大野が、「派としての態度は白紙だ」と婉曲的に協力を拒否した際に、この科白を岸に告げたのだ。実際に大野は総裁選挙で官僚派の岸ではなく、同じく党人派である石橋を支援した。このことから「白さも白し富士の白雪」の後には「溶けて流れて三島に注ぐ」の句が続くと言われた。ちなみに静岡県三島市は石橋の選挙区（中選挙区時代の旧静岡二区）である。大野派の派閥名称「白政会」は、政界で一時流行した大野のこの科白に由来するものだ[7]。

大野の石橋に対する支援もあり、総裁選挙で岸は石橋に僅差で敗れた。決選投票での票差はわずかに七票、大野が支援していれば岸が勝利していた可能性も高かった。この総裁選挙で苦杯を嘗《な》めた岸は、支援要請を袖にされた四年前の意趣返しとして、渡辺にこの科白を告げたのだ。渡辺は大野の下へ急行し、次のように伝えたという。

「四年前の総裁選挙であなたが言ったことを岸が繰り返した。これはあなたが総裁選での岸への協力を拒んだときの言葉だ。それを持ち出したんだから、もう岸は絶対あなたに入れない」

事実、総裁選挙で岸は大野の支援に動くことはなかった。密約を反故にした理由について、岸は大野を突き放すかのような言葉を、後に原彬久が行ったインタビューで述べている。

――岸さんは後継総裁として大野さんを考えておられなかったのですか。

「それは考えてなかったですよ。大野君には総裁競争から降りるよう話したんだけれどもね。党内でなかなか支持者が増えないんだ。総理の器じゃないという議論がありましてね。彼を総理にするということは、床の間に肥担桶《こえたご》を置くようなものだ、という話もあったよ」[8]

結局大野は、総裁選挙への立候補を断念する。岸からの支援が反故にされたのみならず、「党人派連合」を組んでいた石井光次郎の陣営が池田勇人に切り崩され、決選投票で自身の支援に回る見込みがなくなり、勝利の可能性が消失したことが断念の理由だった。自らの勝利の見込みがなくなった以上、結束の固い自派の票を回すことで、同じ党人派の石井を勝たせることに一縷《いちる》の望みを託しての苦渋の決断だった。総裁選挙は大野の立候補断念で、一日延期された。

しかし岸は、大野の党人派連合の望みを打ち砕くかのように、猛然と池田支持の動きを加速させる。様々な候補に分散させていた票を全て引き上げ、池田勇人への支持に振り向ける動きを見せたのだ。決定的だったのは、最後まで大野らの「党人派連合」と行動を共にすると見られていた岸側近で党人派の川島正次郎が、池田支持に回ったことだった。川島は手のひらを返すかのように党人派連合から離れ、池田支持に転じた。川島は後に、この行動は岸の命令によるものだったと証言している。[9]

　総裁選挙の行われる日の朝、渡辺は大野が陣頭指揮を執っていた事務所を訪ねた。その時の大野の様子を、渡辺は次のように述懐する。

「泣いてたよ。あの虎みたいな人が、『ううっ』と泣くんだよ。相当がっかりしたんだろうね。俺一人だけ、朝六時に呼ばれて行ったら、俺の顔見るや否や、『おおっ』って泣いたね。言いようがないな、これは。

　誰かに心情をさらけ出して慰められたかった、その相手が俺だったんだ。親族にもいない。子分たちはみんなゴマばかりすって、『あなたはいよいよ総裁、間違いない』と言っていた。でも、僕はだまされなかった。本当のことを言っていたのは、渡辺一人だったので、僕を呼んだんだね。要するにだまされたの。だましてだまされての世界、だまされる方が悪い」

　政界の父として慕っていた大野を突き放すかのような渡辺の言葉には、大野の人柄を思慕しながらも、権力闘争における手練手管の欠如を冷徹に分析するリアリズムが発露しているように思える。同時に、虚実が混在する思惑含みの情報戦の最前線に、記者として立ち続けてきた自負と矜持が滲み出ているようにも感じられる。

　渡辺も愛読したという『君主論』を著したマキャヴェリは、権力者の間で信義よりも有効なのは力であると喝破する。政治目的達成のためには、いかなる手段や権謀術数も正当化されるという「マキャヴェリズム」の神髄が凝縮されているかのような警句である。

「個人の間では、法律や契約書や協定が、信義を守るのに役立つ。しかし権力者の間で信義が守られるのは、力によってのみである」[10]

「君主が信義を守り、狡知《こうち》によらず誠実に生きることがいかに称賛に値するかは、何人《なんぴと》といえども知っている。しかしながら経験によれば、信義のことなどほとんど眼中になく、狡知によって人々の頭脳を欺くことを知っていた君主こそが今日偉業をなしている」

「賢明な君主は信義を守るのが自らにとって不都合で、約束をした際の根拠が失われたような場合、信義を守ることができないし、守るべきではない。（中略）狐の性質を良く心得てそれを巧みに潤色し、秀れた偽善者、偽装者たることが必要である」

「君主、特に新しい君主は、人間が良いと考える事柄に従ってすべて行動できるものではなく、権力を維持するためには信義にそむき、慈悲心に反し、人間性に逆らい、宗教に違反した行為をしばしばせざるを得ない、ということを知っておかなければならない。

それゆえ君主は風のままに、運命の変化の命ずるところに従って自らの行動を変更する心構えを持つ必要がある。そしてすでに述べたように可能な限り好ましい行為から離反せず、しかし必要な場合には悪事に踏み込むことができる心構えを持つ必要がある」[11]

最高権力の座をめぐる駆け引きの中で、大野が裏切られ敗れていく様に、渡辺は政治の非情さを見た。この経験の後、渡辺は自身のリアリズムをさらに研ぎ澄ませ、戦後政治を渡世していく。

第七章

盟友・中曽根康弘

〝二人三脚〟で目指した総理の座

中曽根っていう人は
根っから貧乏慣れしていたね

大鵬を囲む中曽根康弘（前列左から2人目）と渡辺（前列右から2人目）

渡辺恒雄　三〇歳

一九五六年　中曽根と出会った当時

中曽根が揮毫した墓碑銘

昭和、平成、令和にわたって日本政治を見続け、数々の名だたる政治家と昵懇な関係を築いてきた渡辺だが、七〇年以上に及ぶ記者人生の中で名実ともに盟友関係を結んだのが、二〇一九（令和元）年にこの世を去った元総理大臣の中曽根康弘だった。主筆室には、渡辺と中曽根の刎頸《ふんけい》の交わりを象徴する一枚の書がある。「終生一記者を貫く　渡辺恒雄之碑　中曽根康弘」と中曽根が揮毫した渡辺の墓碑銘である。この墓碑銘は、すでに石材に刻まれ、第一章で前述した渡辺家の墓地内に、墓碑として建立されている。自らの墓碑銘の揮毫を依頼するほど、二人は肝胆相照らす間柄であった。

中曽根が逝去したというニュースが飛び込んできたのは、渡辺への二回目のインタビューが行われる五日前のことだった。私たちは気落ちしていないかを案じながらインタビューに臨んだが、渡辺は感傷的となる素振りも見せず、淡々と中曽根との出会いを語り始めた。二人はどのように出会い、終生にわたって続く盟友関係を築き上げてきたのか。

〝青年将校〟との出会い

内務官僚だった中曽根は、一九四七（昭和二二）年、二八歳の若さで政界に進出した。当時から中曽根は、タカ派的な言動で注目を集める存在だった。「占領下の日本は喪中である」と黒いネクタイで初登院したり、ＧＨＱの占領政策を批判する建白書をマッカーサーに送付したこともあり、大胆な行動は時にパフォーマンスと揶揄されることもあった。

中曽根がとりわけ力を入れて主張したのが、憲法改正だった。自主憲法制定を積極的に訴える姿から「青年将校」とも呼ばれていた。その打ち込みぶりは、自ら「憲法改正の歌」を作詞するほどであった。ＮＨＫには、同じく改憲を主張していた鳩山一郎らと歌唱する映像も残されている。歌詞からは、憲法が「ＧＨＱに押しつけられた」ものであり、憲法改正を行うことが日本の「自立」につながるとの中曽根の認識が読み取れる。

「憲法改正の歌」[1]　作詞　中曽根康弘　作曲　明本京静

一　嗚呼《ああ》戦に打破れ　敵の軍隊進駐す　平和民主の名の下に
　占領憲法強制し　祖国の解体を計りたり　時は終戦六ヶ月

二　占領軍は命令す　若しこの憲法用いずば　天皇の地位うけあわず
　涙を呑んで国民は　国の前途を憂いつつ　マック憲法迎えたり

三　一〇年の時は永くして　自由は今や還りたり　我が憲法を打ち立てて
　国の礎《いしずえ》築くべく　歴史の責を果さんと　決意は胸に満ち満てり

四　国を愛する真心と　自ら立てて守るべき　自由と民主平和をば
　我が憲法に刻むべし　原子時代におくれざる　国の理想も刻まばや

五　この憲法のある限り　無条件降伏続くなり　マック憲法守れとは
　マ元帥の下僕なり　祖国の運命拓く者　興国の意気に挙らばや

この中曽根と渡辺の出会いは、終戦から一〇年あまりが経過した一九五六（昭和三一）年のことだった。当時渡辺は政治部に配属されて五年目、永田町でも頭角を現しつつあった時期だったが、ひょんな事から中曽根との接点を持つこととなった。そのきっかけを作ったのは、読売新聞社主の正力《しょうりき》松太郎だった。前年から衆議院議員に転じていた正力は、この年の暮れに行われることになっていた自民党総裁選挙への立候補を模索していた。この時、正力の参謀格であったのが中曽根だった。「緋縅《ひおどし》の鎧を着けた若武者」と党実力者の松村謙三から賞賛されるなど、若手ながら一目置かれる存在だった。その中曽根と連絡を取りながら情報収集する役割を、渡辺は正力に命じられたのだ。

「僕は中曽根とは最初は全く付き合いがなくて、付き合うようになったきっかけは、我が社の社主であった正力松太郎からの『毎朝通え、朝駆けをやれ』という命令ですよ」

渡辺は、「青年将校」と呼ばれた中曽根の思想信条に、当初違和感を覚えていたと明かした。

「彼は政界に出たときは右ですからね。核武装すべきだと考えていたかもしれん。『憲法改正の歌』を作って使っているんだから、自民党の中では一番右ですよ」

――その一番右の中曽根さんの理念に、かつて共産党に所属された渡辺さんは違和感を覚えなかったんですか。

「だから改革させせた。とにかく基本的な哲学を持たないといかん。戦争中の『八紘一宇《はっこういちう》哲学』を捨てて」

思想信条は異なっていたものの、渡辺は中曽根の生真面目な政治姿勢と、質素で飾らない人柄に徐々に惹かれていったという。中曽根の自宅に招かれた時の様子を、次のように述懐した。

「八畳一間の議員宿舎で、家族五人とお手伝いさんの六人が、八畳の中で布団を敷き詰めて寝ているの。そこに僕が呼ばれる。布団の上にお盆を一つと、日本酒と杯を二つ持ってきて、すやすや寝ている長男の弘文君（参議院議員、元外務大臣）とか、娘の女の子たちの顔を見ながら話をした。奥さんもいます。そういう雰囲気の中で政治の話をした。

そうした時に『ナベさん、今度俺はベルサイユ宮殿のごとき豪邸に引っ越したから来てくれ』と中曽根が言う。行ってみたら八畳・六畳・四畳半の三間。質素そのものよ。それをベルサイユ宮殿と言うんだから、中曽根っていう人は根っから貧乏慣れしていたね」

渡辺は「党人」の匂いのする中曽根と、馬が合ったようだ。中曽根は一九四一（昭和一六）年の内務省入省後間もなく海軍主計中尉として従軍し、復員後は衆議院選挙への立候補のために内務省を一年あまりで辞したため、官僚として勤務した期間は僅かであった。その一方、二八歳の初当選以来、政党人としてキャリアを重ねていた。そのため中曽根は内務官僚出身ではあるものの、「官僚派」ではなく「党人派」として自他共に許す存在だった。大野伴睦や鳩山一郎をはじめとする「党人派」に好感を持っていた渡辺は、中曽根とも意気投合したという。

「中曽根さんと付き合い始めたのは、官僚的でなかったからだ。官僚派と党人派は、まるで違うからね」

初入閣の舞台裏

中曽根が自民党内で頭角を現し、存在感を高めていくきっかけとなったのは、一九五九（昭和三四）年、四一歳の若さで第二次岸改造内閣の科学技術庁長官として初入閣したことだった。この初入閣の舞台裏にも、渡辺は深く関与していた。

入閣の鍵を握っていた人物が、大野伴睦だった。当時、中曽根の所属していた河野一郎派は、総理大臣の岸信介と激しく対立していたため、入閣窓口を失っていた。その窓口機能を担ったのが、当時党の副総裁を務めていた大野だった。前章で記述した「総理大臣禅譲の密約」以降、大野は岸との良好な関係を築いており、かつ河野とも親しい間柄であった。そのことから河野は、大野に入閣窓口を託していたのだ。

しかし、当時の中曽根は大野と険悪な関係となっていた。保守合同による自民党結党前、中曽根は野党の改進党に所属しており、大野が所属していた政権与党である自由党を激しく攻撃していたのだ。中曽根が国会で大野を激しく責め立てたのが、「造船疑獄」についてだった。造船疑獄とは、一九五四（昭和二九）年、政府出資の計画造船の割り当てをめぐって起こった大規模な贈収賄事件である。逮捕者は政界・財界・官界から七一名にも上り、戦後最大級の疑獄事件とも言われる。中曽根は、当時閣僚（北海道開発庁長官）を務めていた大野に汚職疑惑があるとして、国会の場で激しく追及した。

中曽根「大野国務大臣に〔賄賂が〕渡ったという重大なる疑惑がある。（中略）これは確実なる疑惑であると私は信じておる。（中略）このことがもし万一間違っておったならば、私は政治的責任をとります。人に御迷惑のかかることでありますから、明らかに政治的責任をとります。（中略）私はこれまで申し上げるには、非常な決心をもって申し上げるのであります」

大野「中曽根委員の、先ほど私に対する不当な発言がありました。それに対して私は一身上の弁明をいたします。あまり物に驚かぬ私でありましたが、先ほどの中曽根発言には、深山の雷鳴のごとく、青天の霹靂のごとく私は驚いた。よくもこんな、どういう材料でそれを証拠とされるか存じませんが、第一に、その材料の出所を私はお尋ねいたしたい。（中略）こんな事実は絶対にありませんから、はっきりここで申し上げておきます。（中略）なお中曽根議員は、政治的生命を賭して闘うのだとおっしゃる。それはけっこうですが、私がそういう事実が全然ないとなったら、政治的責任とはどういうことでありますか、私の方からあえてお尋ねしておきます」

中曽根「政治的責任というものは、自分の良心に恥じない行動をとるという意味であります[2]」

　造船疑獄に対する検察の捜査や逮捕は、政権与党の中枢にまで及ぼうとしていた。しかし中曽根の追及の二ヶ月後、総理大臣の吉田茂の意向を受けた法務大臣の犬養健《たける》が検事総長に対して指揮権を発動し、自由党幹事長だった佐藤栄作の逮捕を阻止した。これまでに唯一、公に指揮権が発動された事例である。その後に犬養は責任を取って辞任を余儀なくされ、世論の批判の高まりから同年末に吉田政権が倒れる端緒ともなる。結局大野は、検察から取り調べは受けたものの逮捕されることはなかった。だがこの国会での追及以来、中曽根と大野の不和は抜き差しならない状態に陥っていた。

　その中曽根と大野との関係修復に動いたのが、渡辺だった。渡辺は中曽根と大野を、赤坂の料亭に招き、手打ちの席を設けたという。

「中曽根さんと大野伴睦さんを会わせたのは僕だ。二人は全然接点がない。しかしながら、大野さんは副総裁になったりして、党の実権を握っていたからね。組閣のときだって、なかなか発言権があった」

しかし大野の怒りは激しく、その場で中曽根を罵倒し始めたという。

「会合で、最初から大野さんが中曽根さんを面罵するんだ。『君は何だ。野党時代、俺を造船疑獄で賄賂取ってる、政治生命を賭けて糾弾すると言ったな。政治生命を賭けるって言ったんだから、辞めるべきじゃねえか。俺は結局無罪だったんだから』と、一方的に大野伴睦がどなり出しちゃった。あの人はそういう直情径行な人で、怒るとなかなか止まらない」

その時に大野の怒りをなだめたのが、渡辺だったという。

「そこで僕が、『当時中曽根さんは野党〈改進党〉だった。野党が政府与党を議会で攻撃するのは当たり前のことだ。でも今はもう〈保守合同で自民党という〉同じ党になったんだ。だから、そんな過去はさらっと水に流して、こだわらないのが大野伴睦さんの真骨頂じゃないですか。だから、もういいじゃないですか』と言った。しばらくしたら、大野さんは『分かった。中曽根君、君は宰相の相をしてるよ』と言ったね。これで全て解決ですよ。僕はびっくりした。ここまで、昨日の敵を今日の友っていうか、子分にしちゃうんだから、大野伴睦もなかなかのものだなと。中曽根さんは、『はあー』とお辞儀して、喜んでいましたよ。

中曽根さんは科学技術庁長官なんかよりは、本当は大蔵大臣とか幹事長になりたかったの。だけど、なかなか一足にそうはいかんのだから、とりあえず科学技術庁を受けなさいと僕が説得してた。それで閣僚を受けて、原子力と科学技術については専門家になっちゃったわけだ」

この直後に行われた内閣改造（第二次岸改造内閣）で、中曽根は科学技術庁長官として、四一歳にして初入閣を果たす。渡辺の仲介で、中曽根は政界で頭角を現していく足がかりを摑《つか》んだのだ。

原子力政策の原点

中曽根は日本における原子力導入に深く関わった人物としても知られる。一九五四（昭和二九）年には、日本で初めての「原子力予算」導入に中心的役割を果たし、その翌年には原子力合同委員会の委員長に就任する。超党派による議員立法「原子力基本法」制定に主導的な役割を果たし、「ミスター・アトム」とも呼ばれた。中曽根は法案提出者を代表して、国会審議で次のように原子力基本法案の提案理由を述べている。

「まず国策の基本を確立するということが第一であります。機構的にも予算的にも、国家が、不動の態勢をもって、全国民協力のもとに、この政策を長期的に進めるという態勢を整えることが第一であります。

広島、長崎の経験から発した国民が、原子力の平和利用や外国のいろいろな申し出に対して疑問を持つのは当然であります。従って、政治家としては、これらの疑問をあくまで克明に解いて、ただすべきものはただして、全国民の心からなる協力を得るという態勢が必要であります。

今日の日本の一番大きな問題は人口問題であります。原子炉文明というものが出てくれば、一億の人口を養うことは必ずしも不可能ではない、そのようにわれわれは考えます。従って、雄大なる意図をもって日本の人口問題を解決し、日本の国際的地位を回復するという意味におきましても、原子力基本政策を確立するということは、歴史的意義を有すると思うのであります[3]」

渡辺は、日本がエネルギー面で自立しなければならないという考えが、中曽根の原子力利用の原点にあったと明かす。

「彼は『原子力の平和利用』ということを言った。それがきっかけで原子力の平和利用を政治マターとして国会でも真面目に議論するようになり、原子炉ができたわけですよ。平和利用は今もできていて、何分の一かのエネルギーは原子炉で供給している。先見の明だね。これは戦後、みんなが言ったわけじゃない。多くの国民は原子力といったら原爆だと思っているんだから。その平和利用って何だよと、みんな分からなかったですね。

そのころに同じことを言っていたのが、正力松太郎です。正力は何で原子力、科学技術に詳しくなったのかというと、公職追放にも遭っていたから暇だったんだね。それで原子力の平和利用に詳しい学者から、レクチャーを受けていたんだね。それで、中曽根・正力は仲が良かったですよ。

渡辺と中曽根

中曽根さんは『原子力発電をやらなきゃいかん。エネルギー源の石油を輸入に頼ってたのでは駄目だから』という愛国心的な立場から、『エネルギーは自給しなきゃいかん。そのためには原子炉を持たなきゃいかん』と言っていた。読売新聞社主の正力松太郎も同じことを言っていたわけだ。それで結果的には、正力と中曽根がよくなっちゃう。思想が同じです。正力が僕に『中曽根君のところに行け』と言ったのも、そういうこともあると思うね。原子力をやりそうなのは、あいつしかいないと」

総理の座を見据えた勉強会

若い頃から「総理大臣を目指す」と公言していた中曽根は、この頃から宰相の座を見据えた準備を具体化させ、定期的に勉強会を開くようになる。そのパートナーが渡辺だった。

「中曽根さんが、『ナベさん、毎週土曜日に会おう。読書会やる』と言う。記録を見たら、毎週土曜日に三時間ずつ読書会をやっていたね。場所は霞友会館というのがあってね。もう今は立派なビルになっているが、当時は麴町の一角の二階建ての日本家屋だった。その中に小さな部屋があった。彼は『ナベさん、勉強はこういう貴族的な雰囲気の中でやらなくては駄目だ』と。何を言ってるんだ、単なる小部屋じゃないかと思ったね。

読書会でいろいろ話をして、僕の持っている教養を全部差し上げ、本も読ませ、彼は立ちどころに進歩主義的自由主義者になったよ。そうじゃなきゃ、総理大臣になれんわな。中曽根さんは大臣になる前から、総理大臣になろうと思って宰相学を勉強して、先輩総理大臣のやった事をいろいろ研究した。世界恐慌を乗り切ったアメリカのルーズベルト大統領は、ニューディール政策の企画・立案にブレーン・トラストを作った。それを中曽根さんは真似た」

勉強会の具体的成果を示す資料を、今回初めて発掘した。その資料は中曽根の遺した膨大な遺品の中にあった。現在、中曽根の遺品二三〇〇点余は国立国会図書館に寄託され、二〇一九（令和元）年から公開が始まっている。私は連日国会図書館に通い、目録を元に膨大な資料に目を通していた。その中にあったのが、『サイエンティフィック・ポリティックス　第一回報告』と題された小冊子だ。日付は昭和三四（一九五九）年二月となっている。中曽根が科学技術庁長官として入閣する四ヶ月前の日付である。まだ初入閣も果たしていない時期から、中曽根と渡辺は総理の座を見据えた勉強会を行っていたのだ。後に中曽根が自らの派閥を「政策科学研究所」[4]と名付けていることからも、この勉強会に対する愛着のほどが窺える。

　勉強会の名の通り、小冊子の本文は「今日の政党、特に保守党に欠けているのは政治を科学化しようとする精神である」という書き出しで始まり、政治にも「科学的管理のメスを加え」なければならないと強調されている。章立ては、第一章が政治構造、第二章が経済体制、第三章が政党、第四章が労働、第五章が科学、第六章が世界政策、第七章が憲法となっており、様々な観点からの分析と提言が行われている。

　驚くべきは、中曽根が総理大臣として実際に採った政治手法の原点が、総理就任の二〇年以上前に書かれたこの報告書の中に、すでに具体的に記されていることである。例えば、第一章の「政治構造」内の「政党の官僚行政機構を支配する方法」との項目では、「トップ・マネージメントの強化」として、政党の行政機関に対する統制力を高めるため、主要官庁の局長クラスまで政治任命の範囲を拡大することの可否を検討するべきだとされている。また「予算局の設置及び首相直属ブレイン機構の新設」の項目では、予算編成権を大蔵省主計局から分離し、内閣に予算局を置くと共に、アメリカのような「首相直属のブレイン・プール機関」を設けるべきとされている。

これらの提言は、後の中曽根の政治手法を彷彿とさせる。中曽根は総理大臣時代、「戦後政治の総決算」を掲げ、トップダウン型の政治手法から「大統領的首相」と呼ばれた。政策決定にあたっては、土《ど》光《こう》敏夫が会長を務める第二次臨時行政調査会（第二臨調）を始め、ブレーンを集めた諮問機関や審議会を多用した。そして五年間にわたる異例の長期政権を築き、国鉄や電電公社、専売公社の民営化などを実現した。

また中曽根政権後の平成期に導入された制度にも、この報告書との類似点を見ることができる。橋本龍太郎政権の行政改革における官邸機能の強化や、小泉純一郎政権が官邸主導の予算編成に活用した経済財政諮問会議、安倍晋三政権が中央省庁の幹部人事一元化のために設置した内閣人事局[5]などだ。いずれも「官邸機能強化」「政治主導」の一環として導入された制度である。

中曽根が嚆矢《こうし》となったトップダウン型の政治手法は、現在に連なる官邸主導型政治の原型となっている。こうした政治手法の姿が、渡辺と中曽根の勉強会で議論されていた事実は非常に興味深い。渡辺と中曽根が小さな部屋で交わした侃々諤々の議論は、現在の政治状況の源流となっているのかもしれない。

勉強会の報告書で目立つのが、「官僚政治打倒」など、官僚派の政治家主導の政治体制や、官僚機構依存型の政治手法への批判的なスタンスである。

東京大学名誉教授の御厨貴は、官僚派よりも党人派を好む渡辺が、「総理に押し上げることのできる最後の党人派」として中曽根に着目したと分析する。

「間違いなく渡辺さんは、自民党内の官僚派は嫌いで、党人派が好きだったと思います。戦後政治の中で、『官僚出身者だけがやっている派閥政治は面白くない』というのが、彼の頭の中にあったわけですよ。やっぱり彼にとって、政治は面白くなければならない。だから、何か掻き回したいという欲望があったんだと思いますよ。

渡辺さんにとって中曽根は、残された『最後の党人派』だったのでしょう。党人派で、しかも総理にできるかもしれない稀少な人物であると。今までの大野などは、党人派で人間的に好きではあっても総理は無理だと思っていたのが、初めて総理にできるかもしれない党人派だと中曽根に目を付けたのでしょう。

彼は中曽根に惚れたのだと思います。多分、自分の幼少期からの人間観にぴったり合う人だったんじゃないでしょうか。それは渡辺さんと同じように中曽根が勉強家だったからだと思います。勉強会で渡辺さんの話したことを、中曽根は必死になってノートに取っていたといいます。中曽根はノートが何十冊もあるという話がありますが、渡辺さんが一生懸命調べて話したことを、ちゃんとノートに取っている。これを見れば渡辺さんにとっては、中曽根を政治家たり得るように何とかしてあげたいと思わざるをえないでしょう。だから要所要所で渡辺さんは、中曽根の後押しをするということをやっていく」

勉強会は一九六〇年代に入っても続けられた。当時アメリカ大統領に当選し、絶大な人気を博していたのが、ジョン・F・ケネディだった。渡辺と中曽根は、ケネディが勝利した大統領選挙について分析した英語の原書を読み込み、その選挙戦略や演出方法を学んだこともあった。[6]当時から渡辺は、どう「中曽根康弘像」を演出し、どう世論や政界にアピールするかを緻密に考えていたという。

「政治家っていうのは、パフォーマンスがうまくなきゃいかんのだ。政治技術は政治家の必要条件だから。全然人に知られない、認められない、新聞も載っけない、それじゃ政治家は天下をとれないね。中曽根さんは金ないからね、専らパフォーマンスで売り出して、それで四、五人から始まって中曽根派ができるわけです。もともとは彼も陣笠議員だったんだから。それがいつの間にか、同期や先輩まで抱え込んで派閥をつくったんだ。その仕掛けとして、いろいろなパフォーマンスをせざるを得ないわけだ。あの当時はパフォーマンスが金に代わる力を発揮したんだ」

この時期に中曽根が提唱していたのが、「首相公選論」である。中曽根は「国民が最も憂えている政治の癌は、派閥政治である」「首相や大臣の公の地位が派閥間の取引の材料にされ」ていると、派閥に痛烈な批判を加えている。そして「国の最高政治リーダーは、国民が他人に譲るべからざる権利として、自分で選ぶべきであると私は主張したいのである」と述べて、首相公選制を主張している。[7] 中曽根は、首相公選制が国民の政治意識向上に資することを、その理由に挙げている。

「有権者に首相という最高政治リーダーを選ぶ権利を与えることによって、彼等に直接、国や政治を考え経験する場を提供する。彼らは一票を入れる時に、国の運命を考え、国に対する責任を次第に自覚してくるであろう。そのようにして、丁度、ピラミッドを築き上げるように民族の底辺から一枚一枚煉瓦を積み上げて国を再建しようとするのである」[8]

「国民投票で国民みずからが首相を選定し、四年の任期を与え、国政上相対的不動点をつくることによって現在の日本国憲法の欠陥は救われるのである」[9]

改憲史について研究している一橋大学名誉教授の渡辺治は、中曽根は多くの改憲論者が陥りがちな改憲居士的頑迷さとは無縁で、時代に応じて改憲論の中身を変えてきていると指摘する。その上で、昭和期における中曽根の改憲論の時期区分を、第一期の民主主義とナショナリズム涵養の結節点として改憲が位置づけられた一九五〇年代、第二期の首相公選論を中心とした改憲構想が確立した一九六〇年代前半、第三期の改憲消極論に転じた一九六〇年代中盤から一九八〇年代までの三期に分類している。そして中曽根が抱く「民主主義」と「ナショナリズム」という二つの政治原理の結節点として、首相公選制を打ち出した点に着目している[10]。

加えて一橋大学教授の中北浩爾は、中曽根が抱いていた「傍流意識」と世論に直接訴えかける「政治姿勢」が結合したことが、首相公選制の提唱に繫がっていったと分析する。

「中曽根は保守合同前の改進党出身者です。改進党は重光葵総裁のもとで勢力を伸ばせず、鳩山一郎という自由党の創設者を党首に迎えて、日本民主党になるわけです。保守本流は自由党の流れを汲む吉田を祖としますが、その対抗勢力だった日本民主党の鳩山や岸も、元は自由党系です。中曽根は河野一郎の派閥（春秋会）に所属しますが、河野も自由党系です。戦後の自由党は、鳩山総裁、河野幹事長で結成されたわけですからね。それに対して、中曽根は改進党という本当の保守傍流の出身です。ですから屈折した傍流意識を持ち、葛藤を抱えていたと思います。しかも中曽根派は弱小派閥であり、派閥の合従連衡によって総裁が決まることが不利でした。その一方で、中曽根は自らがスター性を持っていることを自覚し、それを磨き続けていました。そうした自己認識は、政治が有権者と直接的につながることが望ましいという判断につながります。こうしたなかで、自らに政治的に有利であり、国民世論との結合の点でも望ましいのが、首相公選制という大統領制的な政治システムであると考えたのではないでしょうか」

渡辺も同時期の著書の中で、中曽根の打ち出した首相公選制について次のように言及しており、勉強会でも議論していた形跡が示唆される。

「この構想は、簡単にいえばイギリス流の議院内閣制〝Parliamentary cabinet system〟を模倣した日本の政治制度の欠陥を克服するために、アメリカ流の大統領内閣制〝Presidential system〟を持ちこもうということである。イギリス流の立憲君主政体に、アメリカ流の大統領制を結合させ、いわば『天皇制下の大統領制』を具現しようというものといえよう。その主張の各点は、確かに現在の日本の政治制度の持つ欠陥を鋭く突いている。その点で、この問題提起はきわめて有用であり、しかもそれが普通現状維持を喜ぶ保守党議員中から提起されたことは評価さるべきである[11]」

首相公選制は実現することはなかったが、渡辺と中曽根が勉強会で理論化していった「大統領的首相」像は、この二〇年後、総理大臣に就任した中曽根によって具現化することになる。

総理の座を見据えた実践的な事例研究と合わせて、渡辺が勉強会で中曽根に勧めたのが、自身が青春時代に没頭したカント哲学だった。カントの哲学書を共に読み込んだ勉強会の日々を、渡辺は懐かしそうに回顧する。

「まずカントを読みなさい。『実践理性批判』を特にお読みなさいと言った。内務官僚でもあったし、行政上の考え方というのは、彼のほうが僕よりも先達ですよ。だから行政についてては任せたらいい。ただ基本的な哲学は右翼じゃ困るんで、カント派になってもらわないと困る。『実践理性批判』の結語冒頭の言葉を暗記してくださいと。『それを考えることしばしばにして、かつ長ければ長きほど常に新たにして増し来る感嘆と崇敬とをもって心を充たすものが二つある。それはわが上なる星の輝く空とわが内なる道徳律とである』。だから彼はカントの『実践理性批判』と、パスカルの『パンセ』の二冊が自分の哲学の中心であると言うわけだね。やっぱり大正の人っていうのはすごかったね。大正の教養主義はカントが中心ですよ。旧制高校の生徒はこのカントの三批判書、『純粋理性批判』『実践理性批判』『判断力批判』、この三批判書を読んだやつでなければインテリじゃないとまで終戦直後は言われた。今そんなこと言う者いないですよ。

若い頃から付き合ったけど、金がないから霞友会館の狭い部屋の読書会でしか会えなかった。あの頃どこかで飲んだとか、女性のいるところで飲んだなんて記憶にないものね。彼が陣笠議員、僕も駆け出しの頃からの付き合いだからね。その頃から思想的には読書会を通じて、二人だけの世界ができたわけだ」

二〇一九（令和元）年一一月二九日の中曽根の逝去当日、渡辺は報道陣の前に姿を見せなかったが、次のようなコメントを発表した。

「中曽根さんの逝去は、私にとっては親の死と同様のショックです。私がヒラ記者、中曽根さんがまだ陣笠代議士の頃から、毎週土曜日には決まって読書会をして、良書を読みあさった。夜二人で酒を飲むときも、話題は読書の話、政治の話ばかりだった。あのような勉強家、読書家は他に知らない。小泉首相の時、勝手に国会議員定年制を作られ、国会議員を八五歳で無理やり引退させられた時は、本当に憤慨していた。質素な生活にも感銘していた。私にとって彼以上に敬愛した人物はいない」

コロナ禍のため、逝去から一年近く経って行われた内閣・自由民主党合同葬儀[12]で、渡辺は中曽根への弔辞を寄せた。そこで渡辺が強調したのは、中曽根の哲学の徒としての側面だった。自らも感銘を受けたカントの『実践理性批判』の結語冒頭の「わが上なる星の輝く空とわが内なる道徳律」を引用しつつ、渡辺は「今あなたのおられる星輝く天界で、近くお目にかかるのを楽しみにしております」と弔辞を結んだ。渡辺にとって中曽根への追憶として真っ先に想起されるのは、総理大臣として位人臣を極めた姿ではなく、若かりし頃に共に切磋琢磨した勉強会の日々なのかもしれない。

第八章

日韓国交正常化交渉

取材者か、当事者か

渡辺恒雄　三六歳

一九六二年　日韓国交正常化交渉時

外務省が
やらないんだから
俺らが
やってやるということだ

韓国　丁一権（チョン・イルグォン）首相を取材する渡辺

記者クラブの〝ボス〟

岸信介の後継総理大臣となった池田勇人によって、高度経済成長の真っただ中に突入しようとしていた一九六〇年代初頭の日本。積み残されていた大きな外交課題は、アジア諸国との戦後処理問題だった。その中でも最大の懸案が、韓国との国交正常化交渉だった。一九六五（昭和四〇）年の日韓基本条約締結に至るまで、交渉に一五年近くの歳月を要する戦後屈指の難交渉であった。

当時渡辺は、外務省記者クラブ（霞クラブ）に籍を置き、連日外交交渉の取材を行っていた。政治家のみならず、外務省幹部や韓国側当事者にも広い人脈を持っていた渡辺は、外交の場に取材の主戦場を移しても、群を抜いて目立つ存在だったようだ。

「霞クラブの僕の所に、外務大臣の小坂善太郎が来たね。『どうなってますか、日韓は』と、記者クラブの僕のところに来てささやく。何で外務大臣が記者クラブに来て、僕のところに来て話を聞いているんだと、記者クラブの連中はおかしく思うわね」

当時、毎日新聞政治部の西山太吉は外務省記者クラブに籍を置き、渡辺と毎週のように飲み歩く仲だった。当時から渡辺はクラブ内でも特異な存在感を放っていたという。

「当時有楽町にあったニュートーキョーというビアホールによく渡辺と連れ立って行きました。夜ではなく、土曜日の夕方に仕事が終わった後の二、三時間です。ずっと続きましたね。霞クラブ時代にもう何十回も行っていた。

霞クラブの中でも、渡辺は大物扱いされていました。事務次官が毎日のように夕方になると記者と懇談して、ウイスキーなども出る。事務次官が座って、反対側に新聞記者が向き合う形になる。ところが渡辺恒雄は少し遅れ気味に入ってきて、事務次官の隣にある大きな椅子にドカッと座るんですよ。記者懇談なのに、渡辺も事務次官と一緒に並んで記者団に向き合う。外部の人から見ると奇異に見えると思いますが、彼は当たり前のように平然とそれをやるんです。それくらいボス的な存在でしたよ。もう自己顕示性が強いからね。とにかく存在感を示したいんだろうなと思いましたね」

西山は、時の総理大臣の池田勇人が率いる派閥・宏池会を中心に「官僚派」に広い人脈を持っていた。これに対して渡辺は、大野伴睦を軸として「党人派」を中心とする人脈を築いていた。小坂の後任の外務大臣となった大平正芳の秘書官で娘婿でもあった森田一《はじめ》

（後に衆議院議員・運輸大臣）は、当時の外務省記者クラブが「渡辺派」と「西山派」に二分されていたと述べている。[1] 二人は記者クラブの双璧をなす存在だったようだ。個人的な友情関係だけでなく、二人は政治取材の上でも相互補完関係にあったと西山は振り返る。後の時代に総理大臣を務めた小泉純一郎が、加藤紘一、山崎拓との「ＹＫＫ」と言われた盟友関係を「友情と打算の二重奏」と表現したことを彷彿とさせる。

「取材記者は、政治情勢の核になる政治家とどれだけ近い関係にあるかを重視します。渡辺は私が宏池会に人脈を持っていることに着目したのでしょう。彼のほうからアプローチしてきたような感じでした。渡辺は、大野伴睦や河野一郎の派閥など党人派系には非常に食い込んでいましたが、その当時は官僚派の多い宏池会には人脈が党人派ほどはなかったと思います。私はその逆です。だから、彼のシチュエーションと私のシチュエーションが、ちょうど相互補完関係にあったということですよね。だから渡辺にとっても私の存在は、有益で実益のあるものだったと思います。競争だけでなく、お互いの実力を認め合うというような感情も芽生えていました」

日韓国交正常化交渉は、一九六二（昭和三七）年の後半になると急展開を見せ、二人は激しい外交交渉の取材合戦の渦中に身を投じていく。この交渉の過程に、渡辺は取材者としてだけでなく、当事者としても深く関与していくこととなる。

日韓交渉　水面下で動いた渡辺

一九五一（昭和二六）年から予備会談が開始された日韓国交正常化交渉は、外務省を中心とする様々なルートで交渉が続けられていた。しかし、韓国の日本に対する請求権への認識の相違などから、中断も含めて何度も暗礁に乗り上げていた。

事態が動き始めたのは、一九六一（昭和三六）年に韓国で軍事政権が誕生したことだった。軍事政権を率いていた朴正熙《パク・チョンヒ》（国家再建最高会議議長、後に大統領）らは、疲弊した経済を立て直すために、日本との国交正常化に舵を切ろうとしていた。

しかし日本国内では、政権与党の自民党内に交渉に消極的な意見も少なくなかった。その筆頭が党副総裁となっていた大野伴睦だった。大野は岸に総理大臣禅譲の密約を反故にされ、総裁選挙の立候補断念に追い込まれたが、池田によって再び党副総裁に起用されていた。池田は大野と良好な関係にあったことに加え、総理の座を争うライバルとなりつつあった佐藤栄作を牽制する思惑（大野と佐藤は犬猿の仲として知られていた）もあったと言われる。その大野は、終戦直後、韓国人の若者に殴られ歯を折られた経験を持ち、韓国に対して良い感情を持っていなかった。[2] 自民党の最高実力者の一人となっていた大野と韓国政府要人を橋渡ししたのが、渡辺だったという。

「大野伴睦、あの人は韓国嫌いだった。偏見ではあるが（その感情が）昔からあった。終戦直後、韓国人の暴漢が、大野さんが料理屋で飲んでいるところに数人で飛び込んで、ピストルを向けられて『撃つぞ』と言われたことがあった。それで大野さんとある人物を一対一で会わせたんですよ」

渡辺が大野に引き合わせたのが、軍事政権のナンバーツーの座にあった金鍾泌《キム・ジョンピル》だった。一九六一（昭和三六）年の軍事クーデターを主導し、朴正熙政権樹立の立役者でもあった金は、韓国版CIAと言われた中央情報部の初代トップを務めていた。当時、渡辺と同い年の三六歳であった。朴正熙政権では後に国務総理（首相）も務め、一九九〇年代後半にも金大中《キム・デジュン》政権で国務総理を務めている。戦前の日本統治下で教育を受けたため日本語も堪能であり、韓国政界随一の知日派として知られた。渡辺は取材で接したことをきっかけに、金鍾泌と親しい関係を築いていた。

「金鍾泌は非常に頭のいい人だったな、人柄もいいし。何よりも対日コンプレックスみたいなものが何もない。大野さんは韓国人への恨みがあると思ったら、金鍾泌に会って、そういうものが一発でなくなるんだよね。だから金鍾泌さんも大したものだと思うんだ。大野の感情を知っていながら、その胸の中に入っていっちゃう。大野と金鍾泌は年齢的には親子だ。そういう関係で本当に親しくなった。変なことでぶつかっちゃかなわないと思ったが、大野はすぐ金鍾泌にほれ込んで、一発で仲よくなったね。非常に会話が弾んで、それで一遍に『韓国に行こう』というようなことになるの」

金鍾泌と意気投合した大野は、一九六二（昭和三七）年末、韓国を訪問することとなった。渡辺の仲介によって、外務省とは異なる自民党副総裁を基軸としたもう一つの交渉ルートが作られたのだった。西山はこの大野訪韓の過程で、渡辺の記者の枠にとどまらない行動力を目の当たりにする。韓国訪問を決めた大野の同行者やスケジュールの差配まで、渡辺が行っていたというのだ。

「日韓交渉のときになって、初めて彼の凄みというか、恐ろしさを体験しましたね。大野訪韓というときに、渡辺はすっとクラブから消えてしまう。一緒に同行するんだということは、私も分かっていましたから。行ったら日韓交渉の全てが分かるはずですよ。『これはやられた』と思いました。韓国訪問の同行者の名簿も、渡辺が全部作っていることが判明しましたね。それを自分で密かに全部アレンジするんですから。それはできることじゃないですよ、一記者がね。

大野という人は元々、韓国嫌いだったんですね。ところが渡辺が日韓交渉の必要性を説いて、むしろ親韓の方へ導いていった。だから事実上、大野訪韓を企画立案したのは、彼だと思います。渡辺のアドバイスと入れ知恵が大野に入っていって、大野が動くというところにまで行っているわけですよね」

近年公開された日韓国交正常化関連の外務省文書の中には、渡辺が作成したとみられる随行者名簿が残っている。「大野自民党副総裁等訪韓議員団名簿」と題したこの名簿には、大野伴睦を筆頭に、船田《ふなだ》中《なか》、荒船清十郎、桜内義雄、二階堂進などの有力議員に加え、外務省アジア局や経済局の官僚などの名前が記されている。[3] 黒塗り部分が半分近くを占めているため記載されている正確な人数は確認できないが、合計三〇名近い名前が列挙されていると推測される。大野に訪韓を促すことに加え、こうした有力政治家や外務官僚との調整や根回しまで行っていたのだとしたら、驚くほかない。渡辺はこの名簿について、次のように語る。

「日本側は僕が全部勝手にやってはおかしいから、親玉は大野伴睦だ。代議士は船田中を代表にして、ずらっと国会議員一〇人ぐらい並べた。席順も僕が決めて、外務省のアジア局長だった伊関佑二郎を代議士の上席に据えちゃった。伊関さんは非常に恐縮していたね」

大野派への配属当初から渡辺の辣腕振りに接していたＮＨＫの磯村尚徳も、大野派担当記者として韓国で同行取材した。渡辺は現地で機微に触れる動向を周囲に摑ませなかったというが、磯村は渡辺が韓国でも主導的な役割を果たしたと見ている。

「大野派の担当記者の私も、ナベツネさんと一緒に韓国に行きました。大野さんが懇意にしていた企業のプロペラ機に、記者も一緒に乗っていきました。金鍾泌という人は日本語は流暢だし、日本人の気質も理解しているし、話が早いわけですね。元軍人ですから、核心をパッと突くようなところがあって、ナベツネさんと非常に話が合ったのではと思います。

誰が見ても池田総理と良好な関係にある大野さんが行くということは、日本政府のハイレベルな段階で了承していると韓国側に思わせる効果もあったでしょうし、逆にそれでいながら、必ずしも完全オフィシャルではないという逃げ道も用意できるという意味合いもあって決まったのだと思いますね。ただ『二元外交』なのは否めず、外務省の立場から見れば、大野ルートの道筋ができるのは面白くない面もあったでしょうね。

この大野訪韓で、ある程度の交渉の大筋が決まったのだと思います。一番肝心なところは、ナベツネさん、金鍾泌、大野さんといったような人たちが、密室の三、四人で骨格を決めたのではないでしょうか。私はその場を見ていないので推測にはなりますが、大野・金鍾泌というよりは、むしろ渡辺・金鍾泌で大筋が決まり、大野さんは最後のシャンシャンのときに顔を出したぐらいじゃないかと思いますね」

大野は一九六二（昭和三七）年一二月、三泊四日の日程で韓国を訪問する。ＮＨＫに残されている映像には、空港で大野と並んで闊歩する渡辺の姿が記録されている。当時の日程表を確認すると、大野は金鍾泌や朴正熙をはじめとする最高幹部と連日会談を行っている。[4]会談と並行して昼食会や晩餐会の歓待も受けるなど、終始友好ムードだったようだ。渡辺は自らが水面下で主導した大野の韓国訪問について、次のように語る。

「韓国とは国交がなかったからね。いろいろ政治家を連れて行ったりしたんです。トップの朴正熙、大野伴睦だけで二次会に行くんですよ。僕は大野と同じホテルの隣の部屋に泊まっていたが、帰ってこない。『まさか殺されたんじゃねえだろうな』というようなことまで心配したね。そのころは国交がないんだから。そうしたら朝六時ごろ、つるんとした顔で帰ってきたね。『副総裁、一体何やってるんですか、心配しましたよ』と言ったら、『いや、朴さんにこれから飲みに行こうと言われた』と。そこで歓待を受けたんだね。そのときに朴さんが『大野さん、一緒に泊まろう』って言って、泊まっちゃったんだね。だから朝、明け方になるまで帰ってこなかった。一発で仲よくなっちゃったんだな、不思議な人たちだ。それで国交は事実上もうできた。あとは外交ルートに乗せればいいわけ。その前の段階は全部固めた」

――水面下の交渉事にはほぼ同席をされていたんですか。

「ああ、全部首突っ込んだからね。当時は若いからね、なかなかエネルギーもあったし度胸もあったの。ほかにやる奴がいないんだから。隣の国でありながら。僕らは向こうの要人と話したものですよ」

スクープした「極秘合意メモ」

大野伴睦が韓国を訪問した直後の一九六二（昭和三七）年一二月一五日、極秘に行われていた韓国との交渉内容の詳細が、読売新聞一面トップに大きく掲載された。このスクープを放ったのは渡辺だった。

記事には日本が韓国に対して行う経済協力額が明記されていた。この経済協力額の合意は、外務大臣の大平正芳と金鍾泌が、手書きメモの形で大野訪韓に先立つ一ヶ月前に取り交わしたものだった。この日の大平の日誌には、金との会談について「三時間半（余人を交えず）」と記載されている。[5] 日本語が堪能だった金と二人だけで、長時間の交渉を行ったことが窺える。経済協力額の規模は、請求権に対する両国の認識の違いなどから長年折り合いが付かず交渉で最も難航していたもので、合意は秘中の秘とされていた。後にこのメモは「大平・金合意メモ」と呼ばれるが、この当時はメモの存在はおろか、経済協力額すら明らかになっていなかった。

なぜ渡辺は合意内容を詳細に知り得たのか。それは、度重なる接触で信頼関係を築いていた金鍾泌から直接、情報を得たものだったという。

「大平・金合意メモというものがあった。僕は金鍾泌さんからそのメモを見せられた。無償供与が三億ドル、政府借款が二億ドル、民間借款が一億ドル以上、三・二・一ですよ。国交回復のための経済協力金の額が書いてある。大平と金鍾泌が、勝手に二人で紙に書いちゃったの。ざら紙に鉛筆ですよ。勝手にメモを作って、向こうも金鍾泌が勝手にサインしちゃった。まあいいかげんな時代といえばそうかもしれん。しかし、何ていうか東洋風のやり方ですよ。事実上そのとき国交回復できたみたいなもんだ。事実そのとおり実現するんだからね」

大平と金は「無償援助三億ドル、有償経済協力二億ドル、民間借款一億ドル以上」と記したメモを交換し、長らく懸案となっていた経済協力方式の大枠が合意された。この合意により、日韓国交正常化交渉は最大の難所を越えた。「大平・金合意メモ」が韓国政府によって公開されたのは、四〇年あまり後の二〇〇五（平成一七）年のことだった。

西山は、渡辺の放ったスクープに驚愕し、肝を冷やしたという。

「あれは交渉の内部情勢も熟知していないと書けないような記事です。情報は日本側から絶対に漏れていません。全部韓国です。彼がいかに韓国政府の内部に食い込んでいたかということですよね」

最高権力者の嫉妬

最終局面を迎えた日韓国交正常化交渉だったが、そこに壁として立ちはだかったのが、総理大臣の池田勇人だった。大平が金との合意に至った会談時、池田は外遊で日本を離れており、その了解を得た上での合意ではなかったのだ。池田は合意内容に不満を示し、大平と金が困難の末に至った経済協力額の合意を、一ヶ月以上棚上げにしていた。

大平は池田の最側近として知られていた人物である。大蔵官僚出身の大平は、同じく大蔵官僚出身だった池田の後輩に当たり、一九四九（昭和二四）年に池田が吉田茂によって当選一回ながら大蔵大臣に抜擢された際には、大臣秘書官を務めている。大平は政界進出後も、池田が領袖を務める有力派閥・宏池会に所属し、政策ブレーンとしての役割を果たしてきた。池田が総理の座を射止めてからは、政権の大番頭である官房長官を務め、この年からは外務大臣となっていた。

なぜ池田は、最側近である大平の交渉を妨げるような態度を取ったのか。その理由を大平の口から聞かされた渡辺は、戦慄した。

「僕は大平さんに聞いたの。『どうも池田さんとツーカーいってないね、この問題で』と。そうしたら『池田は私を嫌ってるんです』と大平は言う。『世間では非常にいいってことになってるじゃないですか』と聞くと、大平さんは深刻な顔で、哲学者的な口調で、『政治家というものは、ナンバーワンはナンバーツーを嫌うんです』と語った。『何で嫌うの』と尋ねると、『それは嫉妬です。自分の権力にナンバーツーが近寄ってくると必ず警戒する。これは歴史上そういうものです』と言った。

池田さんと大平さんは親子みたいな関係だと僕は思ってた。でもそうじゃない。非常に嫌っていたんだ。政治家っていうのは微妙だな。僕は非常に勉強になったね、そういうもんかと。ナンバーワンとナンバーツーで一体だと外からは思えるのが、実は憎み合っていた」

——物事は理屈もさることながら、やっぱり人間関係で動いていく。

「そういうことよ。僕の経験からするとね、全く生臭い人情、いろんな意味での人情が政治を動かしてるな、外交を動かしてるな。だから新聞記者というのは、そこまで入らんと分からんわけだよ」

「僕は日本の戦後史の流れを見たとき、イデオロギーや外交戦略といった政策は、必ずしも絶対的なものではなく、人間の権力闘争のなかでの、憎悪、嫉妬、そしてコンプレックスといったもののほうが、大きく作用してきたと思うんだ」[6]

宏池会に広い人脈を持ち、大平に最も食い込む記者の一人と言われていた西山も、渡辺が「池田の嫉妬」について大平から言葉を引き出した場に同席していたという。西山は、当時存在感を高めていた大平に対する池田の警戒感について指摘する。

「大平と盟友の田中角栄のラインというものがあの頃からクローズアップされて、内閣の柱になりつつありました。第二次池田第二次改造内閣で、大平が外務大臣、田中が大蔵大臣と、二人は共に重要閣僚を任された。二人がやがて将来日本を背負っていくんだというようなムードまで出てきて、池田総理のイメージよりも、そっちのほうがむしろ強くなったぐらいの状況がありました。そういう旭日昇天の勢いで出てくる者に対する一種の嫉妬があったのでしょう。私も今でも覚えていますが、渡辺が『池田のジェラシーのようなものがあるのか』と質したのに対して、大平は『ある』と言ったんですよ。

池田と大平は一心同体であるはずですよ。池田が大平のことを『お父ちゃん、お父ちゃん』と呼んでいるのですから。池田の秘書官出身の三羽ガラスと言われた大平正芳、黒金《くろがね》泰美《やすみ》（池田内閣で内閣官房長官）、宮澤喜一（池田内閣で経済企画庁長官、後に内閣総理大臣）の中でも、大平は筆頭でした。しかし、ポストから来る影響力やイメージが巨大化していくと、政治家に特有のそういう心理関係ができてくるんですね」

疑念を持ち始めていたのは、大平も同様だった。池田の懐刀と言われ、総理大臣秘書官を務めた伊藤昌哉は、大平が外務大臣就任前に務めていた官房長官時代と異なり、「そうしげしげと池田のところへ行くわけにいかない」状態となり、「なにか疎外されたような感じをもちはじめ」ていたと回顧している。[7] 二人が「実は憎み合う面もあった」と述べる渡辺の証言とも符合するかのようだ。

時の最高権力者の嫉妬に直面し、行き詰まりかけていた日韓国交正常化交渉。事態を打開したのは、またしても渡辺だった。渡辺は大野を通じて、水面下で合意を承認するよう池田に働きかけていたのだ。事態打開の鍵を握る渡辺に韓国政府も重大な関心を払い、その動向を注視していた。韓国版ＣＩＡと言われる中央情報部の極秘文書に、その動きが克明に記録されていた。「韓日会談関係報告」と題された一九六二（昭和三七）年一二月二六日付の報告書には、次のように記述されている。

「（一二月）二五日一五時〇〇分からホテルニュージャパンで裵《ペ》大使と崔《チェ》参事官及び大野と渡辺が会うことになっている。（中略）渡辺は（一二月）二六日一五時〇〇分までは大野副総裁の事務室にいるそうだ」

ホテルニュージャパンとは、かつて千代田区永田町にあったホテルだ。一九八二（昭和五七）年に火災で焼失し、現在は跡地にプルデンシャルタワーが建っている。このホテルにはかつて大野が事務所を置いていた。岸信介に密約を反故にされた大野が号泣する場面に渡辺が立ち会ったのも、このホテル内にあった事務所である（第六章参照）。この事務所で渡辺は、駐日韓国代表部大使の裵義煥《ペ・ウィファン》ら韓国側の高官を交え、大野と会っていた。そして中央情報部の機密文書には、この渡辺らの会談の直後に、池田が合意内容を承認したことが記されていた。

「連日の大野と池田の接触の結果、（一二月）二五日に大野に大平・金合意メモの承認が伝えられた。二五日午後五時から池田・大野会談を開き、池田が初めて承認した。韓国側が対日貿易未清算金の三年支払いを承諾し、池田の面子が立ったので、大野の要求通りに、大平・金合意メモを承認した」

　ホテルニュージャパンでの会談で、渡辺は韓国側の高官も交えて、池田との会談に臨む大野と最終調整を行っていたのであろうか。会談に向かう直前に面会している事実から見ても、渡辺の影響力の大きさが窺える。渡辺は大野を介した池田への説得について、次のように語った。

「池田総理大臣がなかなか合意メモを承認しなかった。それで僕は池田さんに直に会って、色々といきさつを話した。大野さんも池田さんに会わせて談判してもらったりした。それでうまくいっちゃったの。池田さんも大野さんの顔を立てるということもあったんだろうね。そんなことで事実上国交が回復するっていうのは、今だから言えるが、まあ当時だからできたんだね。今はそんなことできないですよ」

西山は、渡辺が交渉の最終盤で果たした役割について、次のように語る。

「渡辺恒雄の進言によって親韓派になった大野が、帰国後、池田総理に詰め寄るわけですよね。すごい力で政治を動かしていったということです。大野が詰め寄って『早く判を押せ』ということで、池田も押したということでしょう。渡辺自体が最後に促進して、仕上げに貢献してるわけですよ。これは外交史上、あまり例のないことですね」

池田が大平と金の合意を承認したことで、交渉の最大の懸案事項だった経済協力額の問題が解決し、日韓国交正常化交渉は大きく前進した。三年後の一九六五（昭和四〇）年、この合意を基礎に日韓基本条約が結ばれ、日本と韓国はついに国交を正常化させた。

韓国との国交正常化には、一九五〇年代初頭から断続的に交渉を続けていた外務官僚をはじめ、幾多のキーパーソンが介在していたのは言うまでもない。しかし渡辺の旺盛な行動力が、交渉に少なからぬ影響を及ぼしたことは確かであろう。

取材者か、当事者か

渡辺は「取材者」としての枠を越えた「当事者」として、日韓国交正常化交渉に深く関与した。時代状況が異なるとはいえ、現在の感覚とは大きな隔たりがあるように感じる。記者としてとどまるべき一線や行動規範について、どう認識しているのか、渡辺に問うた。

――政治記者は相手の懐、色々なところに入らないと駄目なんだというお話もありました。当時の時代背景もあると思いますが、次元が一国の外交というレベルになって、新聞記者という立場、書く立場でありながら、そういったことを…

「だから前例がないよ。そういう前例はないよ。ないけど国交がないんだから、前例がなくたってしょうがないわね。両方とも張り合っていて、動かないんだから。それで、もうこっちが勝手にやって、大平さんを引き込んで、大平・金合意メモの道筋を作るまでやっちゃったんだ」

――その時に「新聞記者はここまで関わっていいのか」というようなことは、お考えにはならなかったですか。

「それはみんなそう言ったね。だけど国交がないんだ。ないものを作ろうと、これはお互いの国益にプラスなんだ。ない国との国交を、外務省がやらないんだから俺らがやってやるということだ」

日韓国交正常化交渉をめぐる渡辺の動きを、同じクラブで目の当たりにしてきた西山は、同じ政治記者として、「取材者」と「当事者」の一線は明確に引かなければならないと考えている。

「日韓交渉に関して、渡辺は『交渉を妥結させなくてはならない』という信念を持っていたと思うのですが、私たち普通の政治記者の感覚とはちょっと違う世界に彼はいたと思うんですね。とりわけ党人派の政治家の場合は、非常に政治記者とのパイプが強固で、時に一体化してくる。だから当時は、取材の境界が外れちゃうことは頻繁に行われていたんですよね。

私は取材というものは、あくまで取材の範囲内に限定されるべきだと思いますよ。取材以上の政治的な思惑を持つことはやるべきじゃない。我々の背景にある読者が主権者ですから、この主権者に対して正確な政治的事実を伝えるという義務を履行するということが記者の仕事であって、それからはみ出すべきではないと思います」

東京大学名誉教授の御厨貴は、渡辺の関与した日韓国交正常化交渉について、次のように指摘する。

「この人は内政・外交全て区別がないんだと思った。本来はやはり、やってはいけないことですよ。失敗したら渡辺さんは失脚しているし、大野も失脚している。だから逆に言うと、ギリギリのところでやっていたのは間違いない。もしかすると、向こう側に落ちるかもしれないということを渡辺さんはやった。でも、面白いしやっちゃったわけでしょう。外交だからやっているつもりはないのでしょう。プレーヤーが単に外国人だっただけで、動いていることの渦中に自分が入り込んでやる。そのことが国のためにもなると思っただろうし、自分のためにもなると思ったこともあると思いますね。

渡辺さんの語る日韓交渉が、事の全てであるかどうかは分からない。ああいう大きな問題のときには、複数の関係者が動いているはずですから。沖縄問題だってそうです。後の経緯を見ても、みんな一人がやったという話はない。難しい問題であればあるほど、多くの人間を投じるからね。だから日韓国交正常化交渉も、それ以外で動いていた人がいるかもしれない。部分部分に証拠はあるんだけど、結んでいるのは全部渡辺さんの話だけですからね。だけど、渡辺さんの説明が一番腑に落ちるから、『ああ、そうだろうな』という感じがします」

「フィクサー」の存在し得た時代

有力政治家との密接な関係を元に、渡辺は水面下で政治を動かす当事者となっていった。渡辺だけでなく、戦後の政治記者の中には、自らも当事者として政治の舞台裏に深く関与していった人物が存在した。一九五五（昭和三〇）年の保守合同に至る転機となった、三木武吉と大野伴睦の会談を仲介した毎日新聞の西山柳造、政治部記者時代から鳩山一郎の懐刀と言われ、後に鳩山の総理大臣首席秘書官に転じて日ソ共同宣言の立役者となった朝日新聞の若宮小太郎、河野一郎と昵懇の関係にあり、後に「テレビ朝日の天皇」とも言われた朝日新聞の三浦甲子二《きねじ》、政界の裏情報に精通し、佐藤栄作の寝室から現れたことから「寝室記者」の異名を取った朝日新聞の後藤基夫などが、その一例である。

さらに戦後日本には、「フィクサー」や「黒幕」と呼ばれる、政財界と強い繋がりを持ち、非公式な裏の場で物事を調停する大物が存在した。岸信介が大野伴睦と交わした総理大臣禅譲密約の現場に立ち会い、ロッキード事件で渦中の人物となった児玉誉士夫、陸軍の作戦参謀から伊藤忠商事会長に上り詰め、政財界への大きな影響力から「昭和の参謀」と呼ばれた瀬島龍三、自民党の重鎮・椎名悦三郎の秘書官（第五章参照）から画商に転じ、政財界の深部に影響を及ぼした福本邦雄、終戦の詔書の刪修《さんしゅう》（削り改めること）に関わり、「平成」の元号を考案したとも言われる陽明学者で、歴代総理大臣の指南役的存在だった安岡正篤《まさひろ》などの人物である。

しかし御厨は、水面下で有力政治家たちと物事を調整していく人物が存在し得た時代は、遠い過去のものになったと指摘する。

「渡辺さんが活躍できた時代というのは、戦後の政治が開かれていない時代の話です。政治部記者が政治の世界の中に一つの地歩を占めていく時代が明らかにあった。閉じられた世界の中で、ある一部の人たちだけで政治を動かしていける状況だった。情報もそこだけで流れてもよかった。

でも今は、虚実がない交ぜになって膨大な情報が流れる時代になりました。そこが全然違います。テレビの発達で政治がだんだんショーになっていく過程で、政治がより多くの人に開かれるようになりました。昔は料亭政治と言われて秘密が当たり前だったのが、政治がワイドショーのネタにすらなっていく。田中角栄のロッキード裁判で『ハチの一刺し』という言葉が話題になりましたが、あの頃から政治ネタが大衆化して、芸能ネタと同列に扱われ、みんなが政治ネタを消費するようになった。そうすると、フィクサーのような役割の人はなかなか生き残れない。特に今みたいな世の中になると、フィクサーなんて言っただけで、ＳＮＳに何が飛ぶか分からないような時代ですからね」

第九章

沖縄返還
問われたジャーナリズムの姿

渡辺恒雄　四五歳
一九七二年　沖縄返還時

沖縄返還交渉には
表裏があるから、
表だけ見ていると
分からなくなるね

ワシントン支局時代の渡辺

沖縄返還の表と裏

一九七〇年代に入った日本は、空前の経済的豊かさを謳歌していた。保守合同が行われた一九五〇年代中盤から一九七〇年代前半に至るまで、「神武景気」「岩戸景気」「オリンピック景気」「いざなぎ景気」など幾度にもわたる好景気を立て続けに経験した日本は、高度経済成長期に移行していった。総理大臣の池田勇人が掲げた「所得倍増計画」のアナウンス効果も相まって、日本経済は飛躍的な成長を遂げた。一九六八（昭和四三）年には、日本のＧＮＰ（国民総生産）は西ドイツを抜いて自由主義国で世界二位となった。終戦から一五年あまりで、日本は世界有数の経済大国に変貌したのだ。

こうした中で戦後史の大きな節目となったのが、一九七二（昭和四七）年の沖縄返還だ。返還によって、実に二七年に及んだアメリカによる沖縄統治が終わりを告げたのだ。

沖縄返還を実現したのが、七年八ヶ月に及ぶ長期政権を担った佐藤栄作だった。沖縄返還を政権最大の課題に位置づけた佐藤は、沖縄の「核抜き・本土並み返還」を標榜し、復帰を実現させた。しかしその実態は、沖縄で期待された大幅な基地撤去を伴うものではなく、核持ち込みに象徴されるアメリカの様々な既得権益が「密約」によって維持され続けたものだった。そして現在も在日米軍専用施設の七割以上が沖縄に集中し、基地負担が偏在する状況が続いている。

渡辺は沖縄返還当時、ワシントン支局長として、日本と駆け引きを繰り広げるアメリカ政府の動向を取材していた。そこで目の当たりにしたのは、日米両国の交渉の実態と、「本音と建て前」の世界だったという。

「とにかく沖縄問題っていうのは、これはまた表と裏があって。表だけ見てると分からなくなるね」

渡辺が「表と裏」があったと語る沖縄返還交渉の実態とは、一体どのようなものだったのか。

池田と佐藤の確執

一方この頃、渡辺の友人であり、ライバルでもあった毎日新聞の西山太吉は、外務省記者クラブ（霞クラブ）のキャップとして、日本側の沖縄返還交渉の動向取材に明け暮れていた。
「戦後史において、イデオロギーや外交戦略よりも、権力闘争のなかでの憎悪、嫉妬、コンプレックスといったもののほうが大きく作用してきた」と語る渡辺と同じく西山も、時の総理大臣・佐藤栄作の人間感情が沖縄返還を急がせたと見ていた。それは佐藤が、自身の前任総理である池田に抱いた「対抗心」だったという。沖縄返還に消極的だった池田への対抗軸として、佐藤が打ち出したという側面に西山は着目している。そもそもなぜ池田は沖縄返還に消極的だったのか。

「『沖縄返還はまだタイミングが早い』というのが、池田の基本的な認識なんですよね。一九六四（昭和三九）年の東京オリンピックの直後まで続いた池田政権の末期は、アメリカによるベトナムへの軍事介入が拡大していた時期で、ベトナム戦争の開戦直前です。そのベトナムへの出撃の拠点基地となるのは沖縄です。返還された沖縄がアメリカの戦争に巻き込まれていくことになれば、日本を飛躍的に経済成長させようという池田の大政策にひびが入りかねません。加えて、直前にあった安保闘争の余波を懸念して、政治的なことではなく、経済に国民の目を向けたいという考えが池田にはあった。だから池田は早期の沖縄返還には消極的だった」

池田と佐藤は盟友でもあり、ライバルでもあった。二人は旧制高校受験の際に、偶然同じ宿に泊まり合わせ、酒を共に酌み交わしたという奇縁があった。その後二人は同じ第五高等学校（現熊本大学）に進学し、池田は京都帝国大学を経て大蔵省、佐藤は東京帝国大学を経て鉄道省と、同じく官僚の道に進んだ。終戦後は共に吉田茂の知遇をきっかけに政界に転じ、「吉田学校の優等生」として頭角を現していく。初当選（一九四九年）も同期であり、共に一回生議員の時代に、佐藤は自由党幹事長（非議員時代には官房長官）、池田は大蔵大臣の要職に抜擢されるなど、まさに二人は吉田茂門下の双璧であった。吉田の総理退任後は、吉田派（丙申会《へいしんかい》）を分かち合う形で、池田は池田派（宏池会）、佐藤は佐藤派（周山会）を結成し、共に派閥の領袖となっていた。安保闘争により岸信介総理大臣が退陣した後の自民党総裁選挙では、佐藤は池田を支援し、池田政権誕生の立役者となった。その二人の関係が一気に悪化した理由は、内閣改造人事をめぐる対応だったと西山は指摘する。

「池田を総裁にするために佐藤も懸命に動いた。だから池田政権の発足当初は、池田派と佐藤派と岸派が主流三派でした。だけど主流三派だけでは党内が安定せず、一致結束して所得倍増政策を推進する必要があると、主流三派体制から全党体制に切りかえた。河野一郎農林大臣、三木武夫科学技術庁長官、藤山愛一郎経済企画庁長官ら、全部実力者を入れた。これが一九六一（昭和三六）年の『実力者内閣』（第二次池田第一次改造内閣）です。

だけどこの時に、同盟関係にあった池田・佐藤が、一挙に敵対関係に入ってしまった。佐藤は岸政権の安保改定採決のときに本会議を欠席した河野や三木ら『反党分子』を、佐藤は

『粛党』すべきと主張していたのに、佐藤の意に反して池田はこれら欠席メンバーも内閣に招き入れた。私はそのときの組閣取材の真っただ中にいましたが、組閣は非常に難航した。佐藤も通産大臣なら何とか入ると、ようやく入閣しました。それ以来、池田・佐藤の関係は切れてしまった」

両者の関係は急激に悪化し、佐藤は池田を引きずり下ろして総理総裁の座を摑むことを虎視眈々と狙うようになっていた。その際、池田に対抗するための旗印として掲げたのが、沖縄返還だったという。

「池田が沖縄返還に消極的だから、佐藤政治の金字塔を打ち立てるためには、池田へのアンチテーゼを出さなくてはならない。だから沖縄返還を早期に実現するというテーゼを、自身の主張として持ち出してきたわけです。

一九六四（昭和三九）年の自民党総裁選挙に、佐藤は池田三選阻止のために立候補しました。総裁選挙で事あるごとに叫び続けていたのが、沖縄返還です。『池田は沖縄返還をやらないが、俺はやるんだ』と打ち出した。これは両者の最も対照的な対立軸です。佐藤の沖縄返還問題は、そこから始まったといっていいでしょう。池田・佐藤の対立が沖縄交渉の時期尚早論と早期返還論で先鋭化し、さらに亀裂が深まっていきました。総裁選挙で池田は三選を果たしますが、過半数をわずか数票上回るだけの薄氷の勝利でした。これで佐藤が沖縄早期返還論に自信を得た面もあったでしょう」

こうした指摘の一方で、佐藤の首席秘書官を務めた楠田實は、沖縄返還にかける熱意に間近で接していた。楠田の日記には、佐藤が述べたという言葉が綴られている。

「返還と極東の安全問題は両立する。これが俺の政治的使命だ」[1]

佐藤が沖縄返還を打ち出した一九六〇年代中盤、返還実現は困難との声が大勢で、「佐藤の焼身自殺」とまで揶揄された。佐藤政権で官房副長官や官房長官を歴任した竹下登ですら、「もしも出来なかったらどうするんだろう」と「陰で心配していた」と語っている。[2]佐藤が沖縄返還を掲げた背景には、サンフランシスコ講和条約で沖縄の潜在主権を認めさせた師の吉田茂の示唆もあったとされる。[3]「待ちの政治家」と言われた慎重居士の佐藤が、政治生命を賭けて積極的な選択をしたことが、沖縄返還に繋がったと評価する研究者もいる。[4]

西山が加えて指摘するのが、この時の池田と佐藤の反目が、現在の政治に及ぼしている影響である。それは、この二〇年あまり続く「清和会」[5]主流の状況だ。清和会は、安保改定を主導した岸信介の派閥（十日会）と、それに連なる福田赳夫の派閥（紀尾井会）を源流とする派閥（現安倍派）だ。吉田茂を源流として伝統的に軽武装・経済優先路線をとった池田派の流れを汲む宏池会（現岸田派）、佐藤派の流れを汲む平成研究会（現茂木派）と比べ、自主憲法制定や防衛力強化など、比較的タカ派的な主張が強いのが特徴と言われる。二〇〇〇年代に入り、森喜朗政権、小泉純一郎政権、第一次安倍晋三政権、福田康夫政権、再登板（第二次政権）以降の安倍晋三政権と、清和会出身の総理大臣が続いた。二〇〇〇年以降で自民党が政権の座にあった約一九年のうち、実に一六年もの期間、政権を担ったのが清和会出身の総理大臣だった。そして現在も自民党内で最大派閥となっている。この清和会の勢力拡大のきっかけとなったのが、福田と佐藤の反池田による接近であると西山は指摘する。

「反池田の急先鋒の福田赳夫も『党風刷新連盟』（後の清和会の源流）を作っていました。福田の勢力は小集団で孤立状態でしたが、反池田で佐藤と福田が急速に親しくなっていく。だから後に佐藤は、自派閥の田中角栄ではなく福田赳夫を後継者に考えるようにまでなりました。佐藤内閣ができてからの福田を見てごらんなさい。幹事長と外務大臣と大蔵大臣を歴任して、主要ポストを全部やっている。この間に福田派は大派閥になったんですよ。だから池田と佐藤の対立というのは、沖縄返還問題だけでなく、今日の清和会主流体制にも大きく影響を及ぼしているのです」

喉頭がんに侵されていた池田は、自民党総裁選挙に三選した三ヶ月後、東京オリンピックを見届けた閉会式翌日に、総理大臣退任を表明する。その翌年、自らが主導した所得倍増計画の実現を目前にこの世を去った。

佐藤政権と沖縄　認識の溝

池田の後継総理大臣となった佐藤は、沖縄返還を政権最大の課題として掲げていった。総理就任の翌年には、現職総理として戦後初めて沖縄を訪問し、那覇空港で「沖縄が復帰しないかぎり日本の戦後は終わらない」と表明する。佐藤が沖縄返還交渉で掲げた大方針が、「核抜き・本土並み」であった。しかし佐藤政権と沖縄が思い描く返還の姿には、大きな食い違いが存在していた。とりわけ認識に大きな隔たりがあったのが、「本土並み」の内容だった。

一九四五（昭和二〇）年四月にアメリカ海軍が占領を告げた「ニミッツ布告」以来、沖縄は米国軍政府（のち米国民政府に移行）によって統治されてきた。日本が主権を回復した一九五二（昭和二七）年のサンフランシスコ講和条約の発効後も、沖縄は引き続きアメリカの施政権下に置かれた。その後も本土各地にあった海兵隊基地が移転するなど、沖縄の米軍基地はさらに拡張を続けていく。一九五五（昭和三〇）年から一九五九（昭和三四）年にかけて、米軍基地の面積は約四万エーカーから七万五〇〇〇エーカーと二倍近くに拡大し、沖縄本島の面積に占める割合も、一四％から二一％に増大している。[6]こうした状況下で、沖縄では「島ぐるみ闘争」と呼ばれる新基地建設反対運動が広がり、一九六〇（昭和三五）年には、復帰運動の中心となる沖縄県祖国復帰協議会が結成されるなど、本土復帰を求める声が高まっていた。

一九六八（昭和四三）年には、琉球政府行政主席（現在の県知事に相当）の初めての公選が行われ、「即時無条件全面返還」を掲げた屋良朝苗《ちょうびょう》が当選を果たす。屋良は幾度にもわたって上京し、佐藤や外務大臣の愛知揆一らと会談を重ねるが、双方の主張には相容れないものがあった。[7]

佐藤政権の掲げる「本土並み」とは、事前協議をはじめとする日米安全保障条約を在沖米軍基地にも適用することであった。これに対して屋良らが求めたのは、「即時無条件全面返還」が叶わぬまでも、在沖米軍基地の規模や密度を本土の米軍基地と同等にすることであった。政権側が考えていた「形式的本土並み」と、沖縄側が望む「実質的本土並み」の間には深い溝が横たわり、返還交渉の過程を通じてその隔たりは埋まらないままであった。そして日米両政府で合意された返還の実態は、沖縄が望んでいた姿から乖離《かいり》したものになっていった。

〝核抜き・本土並み〟背後にあった「密約」

沖縄返還交渉の最大の焦点となったのが、アメリカ政府が「核抜き・本土並み」の返還を承諾するのか、従来のまま「核付き・自由使用」とするかであった。この頃、ワシントン支局長としてアメリカ政府の動向を取材していた渡辺は、アメリカ政府の方針転換の情報を、いち早く摑んでいた。

「『核付き・自由使用』をアメリカは要求していた。でもあるとき、アメリカ国務省で裏の情報を色々やっていた人物を僕の家に呼んだ。そのときに、『渡辺さん、核抜き・本土並みでいいんですよ』って言ったんだよ。その人が帰ったらすぐに、僕は本社にテレックスで原稿を送った。情報源は書かずに、アメリカ側の有力筋が『核抜き・本土並みでいいと言った』と書いたよ」

渡辺の書いた記事は、この翌日の読売新聞（一九六九〔昭和四四〕年五月二二日付朝刊）一面トップを飾った。しかし、この時アメリカ外交筋が語った「核抜き・本土並み」とは、あくまで対外的な表向きのことに過ぎなかった。渡辺もそのことを認識していた。渡辺は「表の合意」の背後に「裏の合意」、つまり「密約」があり、それによって沖縄返還が実現できたとの認識をインタビューで明らかにした。

「核を沖縄の外に持ち出すことにしていたのに、実際にはその後も沖縄にあったんだからね。基地も自由使用にしたわけですよ。実際にはアメリカの言うとおりにしたの。沖縄返還交渉には表裏があるから、表だけ見ていると分からなくなるね。裏のほうが合意できたから、『じゃあいいよ』というので、沖縄返還まで行ったわけだからね」

沖縄は日本の独立後もサンフランシスコ講和条約第三条によって分離され、アメリカによる統治が続いた。沖縄の施政権を持つアメリカは、核の貯蔵をはじめ自由に基地を運用できた。返還前のピーク時には、辺野古弾薬庫や嘉手納弾薬庫など、実に約一三〇〇発もの核弾頭が沖縄に配備されていたとされる。一九六〇年代中盤に沖縄の統治責任者だったアメリカ陸軍中将のワトソン高等弁務官が、退任後に「沖縄に核兵器を貯蔵していた」と明言していたことも明らかになっている。[8] こうした状況を転換するために、沖縄返還交渉においては「核抜き・本土並み」が標榜され、アメリカとの合意に至ったとされていた。

しかし実態は全く異なっていた。渡辺の証言を裏付けるように、沖縄返還後も、有事の際には核を持ち込む「密約」が存在したことを根拠付ける文書の存在が、近年相次いで明らかになっている。

その中でも最重要文書と言えるのが、「国家安全保障決定メモランダム第一三号」(National Security Decision Memorandum 13）と題されたアメリカ側の最高機密文書だ。[9] 文書の作成者は国家安全保障担当の大統領補佐官だったキッシンジャー、日付は一九六九（昭和四四）年五月二八日となっている。「核抜き・本土並み」返還が合意された日米共同声明の半年ほど前だ。文書は二頁の簡潔な報告事項で、一頁目に対日政策、そして二頁目に沖縄返還の基本方針が、ニクソン大統領の決定事項として記されている。わずか二枚のこの文書が、アメリカの沖縄返還の大枠を決定づけた。

沖縄返還の基本方針については、以下の四点が記されている。第一に、一九六九（昭和四四）年中までに米軍の基地使用権と交渉案件の細部に関して合意できれば、一九七二（昭和四七）年の返還に合意すること、第二に、特に韓国、台湾、ベトナムに関して、通常兵器による最大限の基地自由使用を求めること、第三に、沖縄の核兵器を維持する方向で交渉するが、緊急時の核兵器の再貯蔵と通過の権利が得られれば撤去に同意すること、第四に、沖縄に関する日本の他のコミットメントを追求することである。

ここで最も着目すべきは第三の「核再持ち込み」の記述である。アメリカ政府は核再持ち込みについて、日本側が拒絶しないことを保証することを条件に、「核抜き」返還に応じるとしている。[10] アメリカは「核抜き」を政治的に譲ることができない日本の足元を見透かし、「核撤去カード」を最大限活用した狡猾な交渉戦術を描いていたのである。

西山は返還交渉の枠組みを規定したアメリカの思惑について、次のように述べている。

「このメモランダム第一三号が沖縄返還交渉の大筋を決めたと言ってもいいでしょう。基地の自由使用を日本が事実上認めた時点で、初めてアメリカは『核抜きでいい。ただし有事核付きだ』となった。これを日本側が了承した時点で、沖縄返還は『核抜き・本土並み』ではなくなった。これは私の主観ではなく、客観的な事実です。政府は建前だけを言うが、実態は全然違う。この重大な外交交渉の建前と実態が違うのは、とんでもない背信行為です」

この交渉戦術が明け透けなまでに綴られた機密文書が、二〇一八（平成三〇）年にアメリカ国務省によって公開された。作成者は同じくキッシンジャー、メモランダム第一三号が出される二ヶ月前の三月一二日付で、ニクソンに宛てた覚書である。この中でキッシンジャーは「交渉戦術」として、核貯蔵の最終決定を脇に置いて日本と沖縄の基地の使用を交渉すること、他の詳細がまとまった段階で核の交渉カードを見せること、沖縄返還に反対しないが両国関係緊張の懸念を伝えることなどを詳細に綴っている。

こうした交渉戦術を駆使してアメリカが得ようとしたのは、基地の「自由使用」だった。当時、洋上から核を発射する技術などを整えつつあったアメリカは、実は沖縄への核兵器常備に固執していなかった。一方で、基地を必要な際に自由に使用できるようにし続けることは、死活的に重要な安全保障上の利益だった。

アメリカにとって「自由使用」の障壁となったのが、「事前協議」であった。日米安全保障条約と同条約の付属文書である交換公文によって、アメリカ軍が日本の基地から戦闘作戦行動を行う際などに、日米で事前協議を行うことが定められていた。この事前協議での日本側の拒絶によって、基地の自由使用が制約されることが、アメリカが最も懸念する事態だった。そのためアメリカは、核撤去に執着していないという本音を最終段階まで明かさず、事前協議と基地自由使用という最大の懸案解消が担保されて初めて、核撤去に応じるという交渉戦術を取ることで、自国利益の最大化を目論んでいたのである[11]。

当時、外務省条約局調査官として返還交渉の実務を担い、後に外務事務次官や駐米大使を歴任する栗山尚一は、アメリカ側の思惑について次のように述べている。

「アメリカは、『核抜き』の問題と、事前協議の対象となる戦闘作戦行動のための基地の使用の問題、つまり朝鮮半島と台湾ですね、ベトナムもあったわけですけども。これとどっちをより重要と考えていたかというと、もう明らかに戦闘作戦行動のための事前協議の問題のほうが重要だったのです[12]」

そして栗山は、事前協議についての日本の立場は崩せないものの、実際の有事の際には、日本は基地使用を拒まないであろうとアメリカが受け取れる「政治的な心証」を示すことを落としどころに、外務省は交渉したと証言する。

「事前協議というのはあくまでも『イエス』もあり『ノー』もあるんだというのが〈外務省条約局の〉基本的立場でした。この立場をもし日本が崩してしまったならば、もちろん国内的にもたないのみならず、アメリカとの関係においても、事前協議制度そのものが骨抜きになってしまう。まったく日本はカードがなくなってしまうわけです。絶対にそこは譲れない。だから、譲れない範囲でアメリカに言えるのは、『いざというときには、それなりに考えるよ』ということです。日本は真面目にこの地域の安全保障の問題と日本の安全の問題とを結びつけて、どこまで真面目に考えるかということは、アメリカに言ってもいいでしょうという立場でした。だから、政治的な心証として、いざというときはアメリカに事前協議で限りなく『イエス』に近いものを日米共同声明で与えるということは、やってもいいでしょうと」

「有事のとき、必要な事態が生じたときには、そのときに判断せざるを得ないという意識が、佐藤総理にはあったのだろうと思いますね[13]」

しかしアメリカは、非常事態の際は事前協議すら行わない「事前通告」のみで核の再持ち込みを認めるよう、さらに厳しい要求を突きつけてくる。苦境に陥った佐藤は、事前協議の枠組みを維持するため、外務省の表ルートとは別の裏ルートを駆使した二元外交に傾斜していく。〝密使〟として派遣していた京都産業大学教授・若泉敬による交渉ルートである。佐藤は、若泉がキッシンジャーから提示された「密約」を受け入れることを決断する。

そして一九六九（昭和四四）年一一月、ワシントンで行われた佐藤総理大臣とニクソン大統領の日米首脳会談において、「核抜き・本土並み・一九七二年中」の返還が合意された。初日の首脳会談後、佐藤とニクソンは美術品鑑賞という名目で、大統領執務室に隣接する小部屋で二人きりになり、若泉とキッシンジャーが調整した「合意議事録」の密約に署名している。

この密約文書は、二〇〇九（平成二一）年に発見された。佐藤の遺族がその存在を公表したのである。議事録は英文で二通作成され、一通は日本の首相官邸、もう一通はアメリカのホワイトハウスで保管するとされている。この文書に記されていたのが、「核再持ち込み」そして「事前協議」についての合意だった。

「米国大統領」側の項目には、「日本を含む極東諸国の防衛のため米国が負う国際的責任を効果的に遂行するため、重大な緊急事態に際して米国政府は日本政府との事前協議の上、沖縄に核兵器を再び持ち込み通過させる権利が必要となるだろう」「米国政府はまた、現存の核兵器貯蔵地である沖縄の嘉手納、那覇、辺野古、ナイキ・ハーキュリーズ基地をいつでも使用できるよう維持し、重大な緊急事態の際に活用することが必要になる」と具体的かつ直截《ちょくせつ》的にアメリカ側の要望が綴られている。

それに対して「日本国首相」の項目では、「日本国政府は、大統領が上で述べた重大な緊急事態に際し、米国政府が必要とすることを理解し、そのような事前協議が行われた場合、遅滞なくこれらの必要を満たすだろう」と記され、アメリカの「核持ち込み」の要望に応じる旨が明記されている。事前協議は形式的に行うものの、ほぼ無条件で、アメリカの「核持ち込み」の要望に対し「遅滞なく」「必要を満たす」とされているのである。ちなみに現在に至るまで、日米安全保障条約に基づく事前協議は一度も発動されたことはない。そして議事録の末尾には、佐藤とニクソンの両首脳の直筆署名が記されている。[14]

この「秘密合意議事録」の内容について、ニクソンがキッシンジャーに「大変満足できる内容の秘密合意を日本と結んだ」との認識を示していたことも、二〇一九（令和元）年に琉球大学教授（当時）の我部《がべ》政明が入手した文書で明らかになっている。沖縄の軍事戦略拠点としての価値を極力減じずに返還合意に至ったことについて、ニクソンは一人悦に入っていたのであろうか。

首脳会談後、こうした密約を基礎として、日米共同声明が発表された。声明にはアメリカ大統領が沖縄の返還について、「日本政府の政策に背馳しないよう実施する旨を総理大臣に確約した」とする表現が盛り込まれ、「核抜き」が確約された。また佐藤が方針とした日米安全保障条約の沖縄への適用という「本土並み」についても、「日米安保条約およびこれに関する諸取決めが変更なしに沖縄に適用されることに意見の一致をみた」と明記され、事前協議の枠組みは守られるとされた。一方で「事前協議制度に関する米国政府の

後年のキッシンジャーと渡辺

立場を害することなく」という表現も声明に盛り込まれた。

首脳会談、そして密約が結ばれた当日、佐藤は日記に「大成功。本土なみ核抜きが実現、ほんとに有難う」と、返還実現に辿り着いた胸中を記している。その翌々日には「後は後世史家の批評にまつのみ」と綴っている。[15] 一方でこうした佐藤の二元外交と秘密主義は、もともと実効性が疑問視されていた事前協議制度をさらに形骸化させ、在日米軍基地に自由使用の余地を広げたとの批判もある。[16]

表面的な「核抜き・本土並み」の容認姿勢とは裏腹に、在沖米軍基地の有事核持ち込み・自由使用を求めるアメリカの強い意向と、自ら打ち出した「非核三原則」の狭間で、佐藤が自縄自縛に陥っていく過程の一端を、西山は取材を通じて目の当たりにしていた。

「佐藤は自身が総理の座にあるうちに沖縄返還を成し遂げたいと焦っていました。しかし、あのタイミングでの返還を急いだことで、『核抜き・本土並み』はほぼ不可能となりました。この時期の沖縄返還が何を意味するかというと、沖縄にある在日米軍基地の自由使用を許可しなくてはならない。当時はベトナム戦争の真っただ中で、沖縄の在日米軍基地はアジアの最重要拠点基地です。基地使用に条件を付けると、沖縄返還ができなくなってしまう。ベトナム戦争は一九七五（昭和五〇）年まで続きましたが、戦争が終結して国際情勢が変わり、アメリカの自由出撃の要求が緩和された時期の返還交渉であれば、核抜きや事前協議を議論できる可能性は高まったでしょう。しかしベトナム戦争真っただ中の返還交渉では、そうはならなかったのです。

要するに『核抜き・本土並み』を主張しているから、実態を説明できないのです。佐藤政権は、綺麗な沖縄返還に見せたかった。無償返還であり、核抜きであり、本土並みであるという見事な返還を謳った。それに拘束されて、自縄自縛に陥った。だから全く実態の異なる交渉が進行した時、中身を全部出そうにも出せる訳がない」

冷戦下で沖縄の戦略的価値を維持したいアメリカと、自身の総理在任中に「核抜き・本土並み」の返還を成し遂げたい佐藤の思惑には、深い溝が存在した。その二つの思惑を両立させようとした結果こそが、本音と建前の乖離した返還の実態、そして密約に繋がったと西山は分析している。

西山は返還交渉取材の過程で、こうした密約群のひとつ、「軍用地復元補償費」を日本側が肩代わりするとした極秘電信文を、外務省職員から入手した。「軍用地復元補償費」とは、アメリカ軍の使用によって土地の形質変更などがある軍用地を原状回復する費用のことだ。沖縄の米軍基地の約四割は、もともと民有地だった。沖縄県以外の米軍基地は大半が旧日本軍基地跡地などの国有地であるのに対して、沖縄県は米軍基地に占める民有地の割合が圧倒的に高い。戦後アメリカが旧日本軍の基地の使用にとどまらず、「土地収用令」に基づいて、沖縄住民が住んでいた土地を強制接収して、米軍基地を建設したことが背景にある。この強制接収が「銃剣とブルドーザー」と呼ばれる所以である。

沖縄返還交渉が佳境を迎えていた一九六〇年代後半、アメリカはベトナム戦争長期化に伴う財政支出増加に苦しんでおり、とりわけ議会からは沖縄返還に伴う一切の経費は日本側が負担すべきだとの声が上がっていた。他方の日本政府も、「カネで沖縄を買い戻した」という印象を持たれないよう腐心していた。

双方の思惑が交錯した交渉の結果、最終的に軍用地復元補償費は、アメリカが「自発的に支払う」（沖縄返還協定第四条三項）こととなり、日本側は沖縄返還に伴って日本にアメリカの資産移転が行われることなどを理由に、三億二〇〇〇万ドルをアメリカに支払うことが規定された（同協定第七条）。しかしその裏では「密約」によって、本来はアメリカが支払うべき復元補償費を日本側が肩代わりすることが秘密裏に合意されていたのが実態だった。

当時、極秘電信文を入手した西山は、毎日新聞紙面でこの「軍用地復元補償費」について幾度となく報じた。とりわけ、一九七一（昭和四六）年六月一八日付の紙面では、「米、基地と収入で実とる　請求処理に疑惑　あいまいな〝本土並み〟」と題した自身の署名入り記事で、厳しくこの問題を追及している。

「沖縄返還に、政権延命のすべてをかけた佐藤内閣の弱点を、米側は知りつくしていた。米資産の有償引継ぎ額のほかに、特殊兵器（核）の撤去費（五〇〇〇万ドルといわれる）まで含めた、三億二〇〇〇万ドルという日本側の財政支出は、まったくの〝つかみ金〟で、項目別の積算根拠は、国会でも示されないことになっている。（中略）対米請求に対する『自発的支払い』（見舞金）については、不明朗な印象をぬぐいきれない。（中略）米側はかつて議会に『沖縄の対米請求問題は補償ずみ』と説明したことを理由に〝公平の原則〟をタテにした日本側の要求を拒否し続けた。そこで、日本側は三億一六〇〇万ドルという対米支払額に見舞金の四〇〇万ドル（この額に頭打ちしたこと自体が問題）を上乗せし、ちょうど三億二〇〇〇万ドルという切れのよい数字にしたのではないか[17]」

しかし西山は情報源秘匿の原則から、極秘電信文そのものを紙面に掲載することはできず、報道の反響は必ずしも芳しいものではなかった。

沖縄返還まで残り二ヶ月となった一九七二（昭和四七）年三月、密約の実態を白日の下に晒さねばならないと思い詰めた西山は、ある手段を実行する。入手していた機密文書を野党議員に託したのだ。国会質問で追及したいとの要望に応じたためだった。託した相手は、社会党の横路孝弘と楢崎弥之助だった。後に衆議院議長となる横路は、一回生議員ながら弁護士出身の論客として売り出し中だった人物で、楢崎も後に「国会の爆弾男」として名を馳せる人物だ。

そして〝運命の日〟がやってくる。三月二七日の衆議院予算委員会において、横路らは沖縄返還に伴う「密約」について政府を追及した。ここで西山にとっての大誤算が発生する。情報源秘匿を約したつもりだった西山の意に反して、横路らは提供を受けた極秘電信文の写しを掲げて政府を追及したのだ。電信文の日付やタイトル、文書番号まで明らかにした上で、その真偽と存否について外務大臣の福田赳夫に迫った。外務省は調査の結果、電信文が本物であることを認めたが、密約の存在については頑なに否定し続けた。

この日を境に、西山の運命は暗転する。機密文書が衆人環視の中で公にされたこの国会質疑を契機に、流出元が外務省の女性職員だったことが発覚したのだ。そして西山は、国家公務員をそそのかして機密を入手した国家公務員法違反の疑いで、逮捕・起訴された。山崎豊子の小説『運命の人』のモデルにもなった外務省機密漏洩事件、いわゆる「西山事件」である。

西山の裁判で焦点になったのが、政府が持つ機密情報と、国民の知る権利の関係だった。当初、多くのメディアの報道スタンスも、「知る権利」の擁護が前面に掲げられていた。

しかし問題は、次第に文書入手の経緯をめぐる男女間のスキャンダルにすり替わり、矮小化されていった。とりわけ世論を一変させたのが、逮捕から一一日後に東京地検の起訴状に盛り込まれた一文だ。「ひそかに情を通じ、これを利用して」「回付される外交関係秘密文書ないしその写しを持ち出させて記事の取材をしようと企て」と、起訴状としては異例の表現が用いられたのだ。これを機に世間の関心は、西山が外務省の女性職員と飲酒を伴う食事をした上で関係を持ち、その関係を元に機密文書を持ち出させたのでは、という点に向けられるようになっていく。

法廷に立った渡辺

沖縄返還に先立つ一九七二(昭和四七)年一月にワシントンから帰国していた渡辺は、友人である西山が外務省機密漏洩事件で逮捕され、世間の好奇の目に晒されていく様を間近に見ていた。渡辺は西山の弁護側証人として法廷に出廷し、政府が隠そうとする情報を記者が取材で入手することの必要性を訴えた。「国家公務員法の乱用を政府に許すことになり、憲法に保障された言論表現の自由と、国民の知る権利を失うことになってしまうことを恐れた」ことが、証人として法廷に立った理由だった。[18]

この渡辺の証言が記録された裁判資料が、東京大学法学部の図書室に保管されていた。[19] 資料を寄贈したのは弁護士の大野正男だ。「西山事件」において西山の弁護を担当し、後に最高裁判事にもなった人物である。法廷で渡辺は自身が行った取材の経験を元に、「公式発表以外」の取材の重要性を訴えている。

――〔当局が〕発表できないものを取材することは新聞記者側としてはどういった意味があるわけか。

「全体的な様相の解説を真相を知って書くのと知らないで書くのとではずいぶん違うと思います。少なくともそういうふうに秘密の情報を知っておれば誤報することがありません」

――あなたの経験からいって、外務省側はなぜ本来公式には発表できないことを新聞記者にだけ言うのか。

「ひとつは新聞報道が外交交渉に与える影響というものを外務省側は考えており、場合によっては外交交渉それ自体に有利に世論を誘導し操作する。そのために新聞をいかに賢明に利用するかということを考え、そのためには秘密の情報を流すほうがよろしいということを考えたんだと思います。それからもうひとつは、一般の政界について行なわれているような深夜・早朝取材を抑制するために、昼間のうちにかなりの秘密をしゃべっておいてしまうと。そうすると、あとのややこしい労働から解放されると、こういう思惑は特に外務省の次官の記者懇談については動機としてあったわけです」

――公式、非公式にわたる外務省側からの情報の提供だけでは、新聞記者側としてはいけないのか。

「オフレコの条件での記者懇談と申しましても、外務省の記者クラブに所属している全部の記者がはいっているわけでございまして、それで情報を取るだけではいわゆる特ダネとかスクープとかいうようなものは全く入りませんし、また、オフレコという慣習が非常に恒常化してしまったためにあまり意味のないものになってしまったわけです。したがって、その他の方法によって取材しない限り、自分の社にとっての独自の情報というものはつかめないのがむしろ通例でございます」

また渡辺自身がスクープした前述の「核抜き・本土並みに米国務省転換」報道の内幕については、次のように証言している。

――沖縄返還交渉などについて、証人は、ワシントンで取材をしていた。

「はい」

――その取材活動を通じて、外務省の日本側における発表等は、現地でのあなたの取材とマッチしていたか。

「一番原則的な大きな問題を申し上げますと、沖縄を『核付き・自由使用』で返すか、あるいは『核抜き・本土並み』で返すかというような問題につきまして、外務省側はかなり意図的にアメリカ政府は非常に強硬に『核付き・自由使用』を要求しているということを流し続けておりました。おそらく外務省の中には、『核付き・自由使用』で返した方が日本のためにいいんだという自分の信念も入ってそういう説明をした向きもあったと思います。しかし、われわれが国務省筋等から直接取材して得ていた限りでは、そうではない面もありました。つまり、アメリカ側の方が日本の外務省が言ってるよりも柔軟な態度をとっているという面もありました。アメリカ側は強硬な態度だということを日本国側に宣伝することによって外務省側の態度を楽にした面もあったと思います」

――〔一九六九（昭和四四）年五月一二日付読売新聞朝刊一面を示し〕「米国務省核抜きに傾く」という見出しで、「ワシントン　渡辺特派員」とある。あなたのことか。

「そうです」

――ワシントンポストの記事を引いているが、当時としては核抜きか、核抜きでないかということは、外交交渉の最も中枢の事項だったのか。

「その通りでございます」

――これは少なくとも日本では特異な記事だったが、ワシントンポストだけを抜いたのか、証人自身が国務省の高官等に接触した独自の取材だったのか。

「この記事を書く前に、私の家で開かれたパーティに来た国務省のある日本担当の最高級の地位にあった人物が、沖縄の核は撤去してかまわないんだと。あそこに置いておく必要はないんだということを明言いたしました。国務省の何某がそういうことを語ったという記事には、当然、私の家でのプライベートな懇談ですからできませんでした。しかし、ワシントンポストが非常に大きくこの記事を載せまして、国務省の中では核抜きでよろしいという意見が非常に強くなっておるということを強調してありましたので、それをただちに援用し、この記事を作ったわけです」

この証言中も渡辺が頑なに口を割らなかったのが、取材源の秘匿に関することである。日韓国交正常化交渉における「大平・金合意メモ」のスクープについて、取材源についての質問を重ねられたことに対し、渡辺は強い姿勢で拒絶を示している。

――次に大平、金合意文書の関係について、一二月一五日付の読売新聞は、証人が書いたのか。

「はい」

――この大平、金合意文書は、極秘であると言うが、この極秘文書を取材したのは証人か。他の人か。

「私です」

――取材したのは日本側か。

「それを申し上げなければいけないでしょうか」

――いやいや、特定の人、誰かということじゃなくて、日本側か韓国側か、どっちか。

「両方の側から取材しておりました」

――韓国側ではないのか。

「それを申し上げるわけにはいきません。ニュースソースは秘匿しなければなりませんから」


　そして、政府が隠そうとする情報を記者が取材で入手することの必要性については、次のように証言している。


――外務省が発表しない、ぼやかしているようなことは熱心に取材するわけか。

「そうです。外務省側が隠そうとしていることに、最も重点を置いて取材するわけです」

――文書を見せてもらったり、知りうべき状態に置いてもらったりしたことはあるか。

「ございます。たとえば全部筆写しない、あるいはゼロックスにとらないという条件で一〇分間とか一五分間に限ってある特定の極秘文書を読ませてもらったことがあります」

――なぜ苦心して、時には無理をして外交交渉の経過を取材するのか。

「第一に、新聞は商品でございまして、その速報性というものは非常に重要な要素をなしております。したがって、できるだけ早く真実をよその社よりも先に報道したいというのは、新聞記者の職業柄当然のことと思います」
「我々がしばしばある種の情熱を持って取材、速報を争うという場合、外務省側の発表を待っていたのでは、当然国民に知らされなければならない交渉経過が永久に報道されずに終わってしまう。また、外務省の交渉にあたっている当事者が、いわゆるイデオロギー外交的な立場から、自分たちの理念とか政治的な立場から、ある種の方向に交渉を引きずっていくことがしばしばありましたし、そういうおそれを感じました」

渡辺は、西山の裁判における証言、そして当時西山にかけられた嫌疑について、次のように振り返る。

「僕は西山事件で法廷に行って、色々と尋問をされた。その機密はどうやって摑んだか、誰から入手したか、勘ぐって色々質問するわけだね。でも言えないことがあるから、『そんなことまでは、ここで言う必要はないし言わない』ってやってやったね。
我々の間には、ニュースソースを言っちゃいかんというルールがあるわけだ。だから西山はそれを守って、彼女が自分の歓心を買うために資料をくれたんだとは言わないわけだ。西山も当事者の女性をかばったりして、自分が悪者になった面があるんですよ。僕が最初から全部ばらしたら、西山は有罪にならなかったね」

「機密情報」と「知る権利」

現在の政治においても、「森友学園」をめぐる財務省の決裁文書の改ざんや、防衛省・自衛隊の南スーダン・イラク派遣部隊における日報問題など、公文書管理のあり方が問われる事態が相次いでいる。こうした事例も踏まえ、渡辺は政府の機密情報に、メディアが迫る必要性について、次のように語った。

――政府が持っている機密にマスコミがどこまで肉薄すべきなのか。昨今も文書の改ざんなど様々な問題が起きていますが、我々メディア・ジャーナリズムは、いくら機密と彼らが主張しようとも、政府が持っている機密を色々な手を使って取りに行かなければいけないのでしょうか。

「取りに行かないと駄目なんだよ、それは。何をやろうと」

――その努力を怠ると、マスコミの権力の監視機能がなくなる…

「そういうことだ、そういうことだ」

――それは失ってはいけないということですよね。

「そういうことだ。だから場合によっては、外務省の知らない外交もあるのだから、そういうことも知らなきゃいかんし。だから肝心なのは、実際にやっている人を摑むことだよね」

渡辺は当時の雑誌への寄稿でも、政府の機密情報に迫る必要性について強調している。

「沖縄密約文書は、交渉がすんでしまったあとのことであり、交渉には何の影響もないから、国益を損ずるとは思われないし、むしろ、政府の御都合主義のウソをバクロすることは、国益に、すなわち国民利益に合致する」[20]

「国家機密などと称されるものの多くは、政治家や官僚の行政上の不手際を隠蔽するための保身の手段であって、『公務の能率的運営』のためではなく、『民主的コントロール』を回避するためのものである、というのが、私の二〇余年の記者生活の結論である」[21]

西山は、一〇年来の友人でありライバルでもあった渡辺が自身の裁判で行った証言について、次のように述懐する。

「弁護団が、『この裁判は取材・報道の自由、知る権利が問われている。報道の実態についてのメディア側の証言者が必要だ』と私に言ってきた。それで私は、それは第一に渡辺恒雄であると言いました。一番親しくしていて友情もあったし、報道のあり方についても明確な考えを持っているし、外務省でも机を並べて取材していましたからね。私の行った報道について、彼の良識は十分理解をしてくれると思いました。

取材実態に照らして考えても、全く妥当で正確な証言だと思いますよね。だからこそ彼が証言を終えたときに、傍聴席からも拍手が沸き起こった。何ら隠し立てることなくありのままを述べてくれたわけで、非常にいい証言だったと思います。あのときの社会環境からいって、証人としてよく出てくれたなと思いましたよ。よくぞ参加してくれた、よくぞ助けてくれたと、そっちの感情のほうが強かったですね」

西山は一審では無罪となったものの、最終的に懲役四月、執行猶予一年の有罪判決が確定し、新聞社を去った。退社後は福岡県北九州市で実家が営む青果会社に勤務し、その後長く筆を折ることになる。

しかし沖縄返還から三〇年近くが経過した二〇〇〇（平成一二）年、密約問題に大きな転機が訪れる。西山が指摘した軍用地復元補償費の密約の存在を裏付ける資料が、アメリカ公文書館で開示されたのだ。当時、外務省アメリカ局長だった吉野文六とスナイダー駐日米公使のイニシャルが入った「議論の要約」と題された公文書だ。この文書には、「アメリカの軍用地復元補償費の自発的支払いを実施する信託基金に、日本側は支出する三億二〇〇〇万ドルのうち、四〇〇〇万ドルを留保されることを予期している」[22]と明記されていた。

密約の存在を裏付けるアメリカ側の文書発見を契機に、西山らは日本側の密約文書の開示請求を行った。しかし文書の不存在を理由に、国側は不開示の決定を下した。これを受けて西山らは、不開示決定は違法であるとして、国に対して密約文書の開示などを求める裁判を起こした。裁判の過程では、「議論の要約」の当事者だった吉野が証言を行った。「西山事件」当時は密約の存在を一貫して否定していた吉野だが、この裁判における証言では過去の発言を一転して翻し、「日本が肩代わりで負担するとの密約を交わした」と、密約が存在したことを認めた。一審では国の不開示決定時に文書は保管されていたはずだとして、西山ら原告が勝訴したものの、二審では「秘密裏に廃棄された可能性があり、既に文書はなかった」と、国の決定が妥当と認められ、西山らは逆転敗訴した。そして二〇一四（平成二六）年七月、最高裁は原告の上告を退け西山らの敗訴が確定したものの、密約文書の存在を認めた一審、二審の司法判断は維持された。最高裁判決に先立つ二〇一〇（平成二二）年三月、民主党への政権交代を機に外務省に設立された有識者委員会の調査報告書においても、軍用地の復元補償費の日本側肩代わりについて、「『広義の密約』に該当する」と結論づけられた。[23] 西山が報道で提起した密約問題は、沖縄返還から約四〇年の時を経て、公的にも認められるものとなったのである。

外務省機密漏洩事件以来、長らく沈黙を続けていた西山だが、密約文書開示を求める裁判をきっかけに、再びジャーナリストとして筆を執り始める。現在も密約問題を中心に旺盛な執筆活動や発言を続けている。自身の運命を大きく変えることになった沖縄返還交渉について、次のように総括する。

「沖縄返還交渉では、初めから全部真実を言えば良かった。アメリカは軍用地復元補償費も一切支払わない、米軍基地も自由使用を引き続き認めなければ返還を認めないと。政府は沖縄返還の実情を整理して、国民に真実を告げるべきだったと思います。そして国民に是非を問う。しかし、当時の佐藤政権は『そんなことをしたら大混乱に陥り、沖縄返還自体が吹き飛んでしまう』と、交渉の実情を一切語らなかった。隠し続けなければならないような交渉の実態だったのなら、あのタイミングでの沖縄返還は断念すべきだったと思います」

そして自らが逮捕された事件で問われた、政府の機密情報と知る権利の関係について、現在のメディアの現状に切歯扼腕《せっしやくわん》しつつ、次のように警鐘を鳴らす。

「政府の秘密というものは、その時の政策遂行や外交交渉のために、過渡的に秘密にしなくてはならないものもあると思います。しかし、虚偽の事実を書く『違法秘密』や、永久に隠し続ける『永久秘密』は絶対に許してはならない。それを追及して国民に知らせるのが、メディアに課された最大の仕事だと思います。

民主主義が有効に機能するかしないかは、メディアが権力に対して相対峙できるかどうかです。権力とメディアが一体化したらどうなるかは、戦中日本の姿を見ればよく分かります。大本営発表が、新聞の発表となってはいけないわけだ。権力を絶えず監視しなくてはいけない。そういう点で、現在のメディアの動向を左右できる一番大事な存在は、渡辺恒雄ですよ」

建前と実態が大きく乖離したまま、真相が伏せられて進められた沖縄返還。この沖縄返還をめぐって、渡辺が見聞きした交渉の表と裏や在日米軍基地をめぐる問題、西山事件で問われた機密情報と知る権利の関係は、沖縄返還から五〇年余りが経過した現在でも、極めて今日的な課題であり続けている。

事件の背景に何が

永田町で繰り広げられる権謀術数を長年目の当たりにしてきた渡辺は、外務省機密漏洩事件の背景を、独自の視点で推測した。西山逮捕の背景にあったのは、時の総理大臣・佐藤栄作と、その政敵だった大平正芳の関係であると、渡辺は見ている。

「佐藤さんの場合はね、もう一つ西山をやっつけたい動機があるの。それは大平正芳だ。

大平は西山と非常に親しい。大平と西山が非常に親しいということは誰でも知っている。大平は非常に西山をかわいがって、西山に大概の政治機密をしゃべっていた。僕は大平から最初のうちはなかなか聞けないから、西山から情報を聞いていたくらいだ。それで大平と西山は一体であると、佐藤さんのほうは見ているわけよ。大平と佐藤さんは非常な敵対関係にある。佐藤さん自身か、佐藤さんの周辺か知らんが、西山をパクって、大平をやっつけようと思ったね。それで、西山は犠牲になるの」

当時、自民党内の派閥は一九五〇年代後半の「八個師団」の時代から、ポスト佐藤をにらんだ「三角大福中」（三木武夫派、田中角栄派、大平正芳派、福田赳夫派、中曽根康弘派）と言われる「五大派閥」の時代に移行しようとしていた。

その中でも自他ともに「保守本流」を認める派閥が、大平正芳が率いていた宏池会だった。池田勇人が設立した宏池会は、佐藤栄作の「周山会」と同様、吉田茂の率いた派閥「丙申会」の流れを汲む。池田勇人を始め、後には大平正芳、鈴木善幸、宮澤喜一の歴代総理大臣を輩出した名門派閥だ。二〇二一（令和三）年には、岸田文雄が宏池会出身として三〇年ぶり、五人目の総理大臣に就任した。派閥の名は、中国の後漢時代の学者・馬融《ばゆう》の句「高光の榭《うてな》に休息して宏池に臨む」から、陽明学者の安岡正篤が命名したものである。安岡によるこの命名は、後に誕生する清和会や経世会など、派閥名が漢籍をもとに付けられる嚆矢となったと言われる。

大平は沖縄返還の前年の一九七一（昭和四六）年に、当時の派閥会長の前尾繁三郎から奪い取る形で、第三代宏池会会長に就任した。池田政権後半以降、前述したように佐藤と池田の確執は抜き差しならないものになっており、池田の愛弟子であった大平も同様に、佐藤との折り合いは極めて悪かった。七年八ヶ月に及んだ佐藤政権下で、大平が入閣したのは通商産業大臣を短期間務めた一度のみで、大平の実力からすると「冷遇」されていたと言えるだろう。

さらに大平は、佐藤が警戒感と脅威を抱いていた田中角栄と盟友関係にあった。この大平と田中の昵懇な関係も、佐藤にとっては好ましからざるものであった。佐藤が自身の後継総理大臣として白羽の矢を立てていたのは、佐藤派の大番頭として政権を支えた田中角栄ではなく、池田政権への批判勢力として急接近して以来、親密な関係を築いてきた福田赳夫だった。佐藤にとって、自身と同じ東京帝国大学法学部出身の「官僚派」エリートであり、実兄の岸信介の派閥を川島正次郎と分け合う形で継承していた福田こそが、意中の後継者であった。自身の率いる派閥に属しながら福田への禅譲を実力で阻止しようとする「獅子身中の虫」であった田中と気脈を通じる大平は、佐藤にとって目障りな存在であったのだろう。

西山はこの大平と昵懇な関係を築いていた。西山は番記者として、大平が池田内閣の官房長官・外務大臣を務めていた時代から知遇を得て、かつ大平とは遠戚ということもあり、極めて近しい間柄だった。西山の逮捕は、政敵である大平の政治力を低下させたいとする佐藤の思惑とも関係があると、渡辺は見ているのだ。
因果関係については推測の域を出ないものの、実際に佐藤は西山が逮捕された日、「この節の綱紀弛緩はゆるせぬ。引きしめるのが我等の仕事か」と、憤懣《ふんまん》と共に「引きしめ」にも言及している。[24] 佐藤の秘書官を務めていた楠田も西山の逮捕前、「西山は大平正芳氏との縁戚関係にあり、この問題に関する大平発言〔佐藤長期政権の生命力衰退が政府の失態を引き起こしていることなどを指摘〕というのもあり、裏が複雑のようだ」と、二人の関係性についても触れている。[25]
渡辺がその著書『派閥』で描写したように、結党以来、自民党内の派閥抗争の激しさは、筆舌に尽くしがたいものがあった。中選挙区制と総裁選挙という前提条件の下、派閥間で権力闘争が繰り広げられてきた。自民党長期政権が続く状態であっても、別の派閥に政権が移行することで、「擬似政権交代」と呼ばれるほど大きく政策が転換された。佐藤・大平間の対立に西山が巻き込まれたとする渡辺の見立ては、当時の熾烈な権力闘争を取材し続けてきた自身の実感に根ざしたものなのだろう。自民党の派閥抗争は、その後「三角大福中」の五大派閥時代へと移行し、さらに激しさを増していくことになる。

沖縄返還の一ヶ月後の一九七二（昭和四七）年六月一七日、佐藤栄作は七年八ヶ月にわたって務めた総理の座を退くことを表明する記者会見に臨んだ。しかし長期政権の花道を飾るはずの会見は、緊迫した雰囲気の中で始まった。冒頭に佐藤は「テレビカメラはどこ

佐藤栄作の総理退任会見

かね。新聞記者の諸君とは話さないことにしてるんだ。僕は国民に直接話したい。偏向的な新聞は嫌いなんだ。大嫌いなんだ。〔記者は〕帰ってください」と発言、そのまま執務室に引き上げてしまう。

その後会見場に戻ってきた際に記者団から抗議を受けると、佐藤は机を叩き、「出てください。構わないですよ」と語気を強める。この佐藤の言動に反発した記者団全員が退席し、記者が誰もいない会見場で、総理大臣が自らの実績を誇らしげに語る異様な光景が展開された。権力を監視し国民の知る権利に応えるという、渡辺や西山が強調してきた役割をどうメディアは果たしていくのか。この光景はメディアと権力の関係のみならず、インターネットを通じて誰もが直接情報を発信できるようになった現在、メディアの役割を再考する上で、極めて示唆に富むものであると思える。

第一〇章

田中角栄

知られざる戦争体験と、その虚実

渡辺恒雄　四六歳

一九七二年　田中政権発足時

面白かったし、
勉強になったね。
話が即物的でね

渡辺と田中角栄

〝今太閤〟の天下獲り

一九七二（昭和四七）年七月、佐藤栄作の後継総理大臣となったのは田中角栄だった。田中は高等小学校卒[1]の学歴ながら、当時史上最年少の五四歳にして一瀉千里《いっしゃせんり》に権力の頂点に上り詰めた経歴と行動力から、「今太閤」「コンピュータ付きブルドーザー」の異名を取っていた。渡辺は田中の印象について、次のように述懐した。

「田中角栄はなかなか勉強家で、本も読んで結構勉強してた。僕は二人だけでよく夜遅くまでとか、朝早くからとか話をしましたよ。それは面白かったし、勉強になったね。話が即物的でね。だから付き合って役に立った。いろいろ知恵もあったね。ちょっと余計な知恵もあってね、お金のほうで尻尾を出したりして困ったけども」

「角さんは何でも正直に話をしてくれたね。彼は情報の泉ですよ。話は全部面白いしね。彼が東大法学部を出ていたら、総理大臣に絶対なっていなかったろうね。まあどこかの次官になって、開銀（日本開発銀行、現日本政策投資銀行）総裁ぐらいにはなれたかもしれないけれども。角さんは工学校を出て一級建築士の資格を持ち、土建について詳しくなって総理大臣になったんだよ。だから教養が邪魔しないから、あれだけのことができた。東大法学部の教養を持ってしまうと、大きなことはできないからね。あそこまでは」[2]

佐藤政権時代、田中は佐藤派の〝大番頭〟として実力を蓄えつつ、次の宰相の座を窺っていた。渡辺はワシントン赴任前、平河クラブ（自民党記者クラブ）キャップの立場で、党幹事長として辣腕を振るっていた田中を取材していた。渡辺は雑誌への寄稿の中で、田中が佐藤内閣誕生や政権運営に果たした資金面での役割を冷徹に分析していた。

「（田中は）『吉田自由党』の〝本流〟からはなれなかった。福田、三木、中曽根らと異なり、絶えず時の政権の主流派に属して金力と権力とを貯えたことが、今日政権を手中にする原動力となった」[3]

「注目すべきは、佐藤と田中の関係の実態である。（佐藤と河野一郎の池田後継総裁指名争いの中）死の病床にある池田首相の指名をかちとって佐藤政権を作ったのも、反主流派の抵抗を排除して佐藤三選、四選を果したのも、田中の工作と資金力のおかげである。しかし、佐藤と田中の間には、久しく愛情というものはなかった。互いにその力を利用しあっていただけである。佐藤は田中を排除しようと思ってもできなかったし、田中もまた、佐藤から遠ざけられないよう、あらゆる策謀をしぼり、せっせと佐藤に献金し続けたのである」[4]

沖縄返還が合意された一九六九（昭和四四）年の日米共同声明後も、佐藤は自民党総裁選挙で四選を果たし、総理大臣の座にとどまった。佐藤は総裁四選後、早々と次の総裁選挙には立候補しないと明言したため、ポスト佐藤をめぐる争いは激化の一途をたどった。佐藤が自身の後継総理大臣として意中の人としていたのは、自らの政権を支えた田中ではなく、反池田の同志として、また同じ「官僚派」として親密な関係にあった福田赳夫だった（前章参照）。田中と福田の両雄は、総理総裁の座をめぐって熾烈な抗争を繰り広げた。いわゆる「角福戦争」である。

自らの属する派閥の領袖である佐藤と対立する形となった田中は、クーデターによる佐藤派の「乗っ取り」を密かに進めた。田中は佐藤長期政権下で二度にわたって幹事長を務め、難航していた日米繊維交渉を通産大臣として決着させるなど、佐藤の想像以上の実力を蓄えていた。自民党総裁選挙を二ヶ月後に控えた一九七二（昭和四七）年五月、田中は佐藤派の八割に及ぶメンバーを糾合して、自身の派閥（七日会、後の木曜クラブ）を旗揚げする。事実上、田中による佐藤派の「簒奪《さんだつ》」であった。そして同年七月の自民党総裁選挙で田中は福田を破り、総理大臣の座を手中にした。渡辺はこの総裁選挙における田中の戦略について、参謀の役割を果たした人物は存在せず、田中自身が参謀でありコンピュータであったと分析する。

「あの総裁公選大作戦を進め、無学歴最年少で首相の座を制するに至った参謀は誰か。この面では、まさにコンピュータは、田中自身である。（中略）

総裁公選大作戦の戦略・戦術、用兵、補給を含め、精巧なコンピュータであったのは、田中自身であり、私は彼に党略閥略の天才を認めざるをえない。私は、総裁選の最中、何度も田中と会ったが、四七八票の動向について、常にことごとく諳《そら》んじていた。たとえば、Ａ派のＢの財界後援者はＣであり、ＤがＣに対して圧力を加えているから、やがてＢは田中支持になるといった文脈を、各派別にとうとうと説明し、官僚出身議員については、東大何年卒、何年入省、いつ局長、次官になったかに至るまでを暗記しているのであった。田中が高級官僚の年次にくわしいのは、無学歴コンプレックスのためだとある有力議員が説明していた。そして、甲にはポスト、乙にはカネ、丙には説得、丁には握手といったように、対応策を次々に決断して行ったのであろう。（中略）

田中直系の情報員や各派内のシンパや忍者からの情報は、ことごとく田中一人の頭脳に注入され、田中コンピュータは、数秒にしてその処理方法についての回答を吐き出して行ったのである[5]」

渡辺は、田中とその前任総理大臣の佐藤を比較して、その記者会見や面会手法の違いについて、興味深い分析を綴っている。

「田中首相の、首相就任後初の記者会見は、一時間五七分に及び、相手の記者団をヘトヘトにするまで喋りまくった。記者会見を嫌い、引退の花道を飾るべきテレビ中継の最中、記者団の退場を求めるという醜態を示した佐藤前首相とは、まったく対照的であった。佐藤のテレビ・インタビューや記者会見での発言は、もしそのまま速記録を印刷すれば、文脈もわからず、起承転結もないので、これを報道するに当っては、記者が主語、述語、補語等を附加し、文脈を補わねばならなかったが、田中首相の発言は、センテンスは簡潔であり、文法上の整合性もある。内容的にも、佐藤前首相に比べれば、かなり豊富である。佐藤が〝小卒〟であり、田中が〝東大卒〟であるとしても、その発言内容からすれば、不自然なこととは見られないであろう」[6]

「『わかった角さん』のニックネームに示されるように、田中は長々と相手の話を聞くのが嫌いである。あらゆる会談は、結論から始り、結論に終る。前置きやプロセスは必要ないのである。

首相官邸に入った田中と、佐藤前首相との政務処理の著しいコントラストを、私はその日程表に発見した。佐藤の場合は、面会時間は、短くて三〇分、普通は一時間ないし二時間であった。不得要領な佐藤と、ハラの探り合いをするには、最低一時間から二時間は必要とされただろう。田中の場合は、一〇分ないし一五分刻み、短いのは五分間である。どんな相手も、この日程表を見れば、ゆっくり時候のあいさつなどしてはいられない。総理大臣室に入ったら、席につく前に要件の結論をいい、田中の『わかった』を聞いたら、腰を浮かし、辞去の言葉を省略して、出口に行く前に次のお客と鉢合せすることを覚悟せねばならない。この田中の来客応接ぶりを見ていると、オートメ工場のベルト・コンベアによる製造工程を見るような気がする。ベルト・コンベア式接客法とでもいうべきか[7]」

鳩山一郎、大野伴睦、中曽根康弘と、自民党内の党人派政治家と気脈を通じてきた渡辺は、久々の党人派出身総理の誕生を、好意的に受け止めた。

「岸─池田─佐藤とずっと官僚派政権でしょう。そしてようやく角さんが党人政治家として総理大臣になった。これは非常に面白いなと思って、歓迎したものだからね[8]」

知られざる満州での姿

戦後政治のリアリズムに接しながらも、若き日の戦争体験を自身の原点としていた渡辺。実は渡辺と田中は、共通する戦争体験を持っていた。ともに陸軍二等兵として召集され、戦争の現実を皮膚感覚で捉えていたのである。そして渡辺と同様に、田中も戦争体験を自身の原点としていた。

田中は一九三九（昭和一四）年三月、二〇歳で陸軍の盛岡騎兵第三旅団第二四連隊第一中隊に二等兵として入隊し、翌四月に満州・富錦《ふきん》に渡った。現地では騎兵第二四連隊の内務班に配属された。満州に到着した際の印象を、田中は後にこう回想している。

「はじめて皮膚に当たる満州の風は春とは名のみ、刺すように強い寒さであった[9]」

田中の満州到着後、時を置かず勃発したのがノモンハン事件だ。日本軍とソ連軍が、満州国とソ連の衛星国であったモンゴルの国境線をめぐって軍事衝突した紛争である。戦史叢書にも「日ソ両軍最初の本格的武力行使であるとともに、日本軍として初めて味わった大規模な近代戦であり、それだけに大きな教訓と示唆が残された[10]」と位置づけられる激戦だ。この戦いでソ連軍が大量投入した近代兵器を前に、日本側は約二万人ともいわれる死傷者を出した。情報を軽視する楽観論や物量より優先される精神主義など、その後の太平洋戦争でも繰り返される旧日本軍の〝失敗の本質〟が象徴されていた。田中はこの激戦を満州の地で間近に経験していた。田中は後に、ノモンハン事件の状況について次のように語っている。

「不敗を誇った帝国陸軍がはじめて負けいくさを味わったノモンハン事件は、第一次と第二次にわかれて起こった。昭和一四年五月中旬から、自然停戦になった同月の末ごろまでのわずか半月の間に、出動した在満師団の騎兵連隊のほとんどが壊滅した。私の入隊した騎兵二四連隊からも、古兵の半分以上が動員されたが、出動三、四日後には戦死の公報がどんどんとはいり、戦争の激しさが身にしみて理解できた」[11]

このノモンハン事件の直後の田中を、戦地で記録した知られざる写真が、神奈川県相模原市の一軒家に残っていた。田中と同い年の戦友だった小野澤冨士が晩年を過ごした自宅である。冨士は二〇一四（平成二六）年に九六歳で他界したが、娘の小野澤恵美子氏が今も写真を大切に保管していた。七四歳となる恵美子氏は、居間の仏壇の周りに冨士の遺影を始め、軍隊時代の写真などを数多く飾っており、父親への愛情の深さが窺える。

私が田中の写真について話を切り出すと、恵美子氏は一枚の写真を取り出した。大勢の日本兵が兵舎の前で並んだセピア色の集合写真だ。その中央近くに立つ人物の頭部に小さな丸囲みが付けられていた。それが田中角栄その人だった。

「こちらが角栄さんですね。もう角栄さんそのままの顔ですね。面影は十分にあります。この印は父が書き込んでしまったものです。ほかの人は付けないで、角栄さんだけ付けているの。それだけ仲がよかったんですね」

丸印の付いた人物は、後年の田中角栄の面影をその表情に湛えていた。この時の田中は

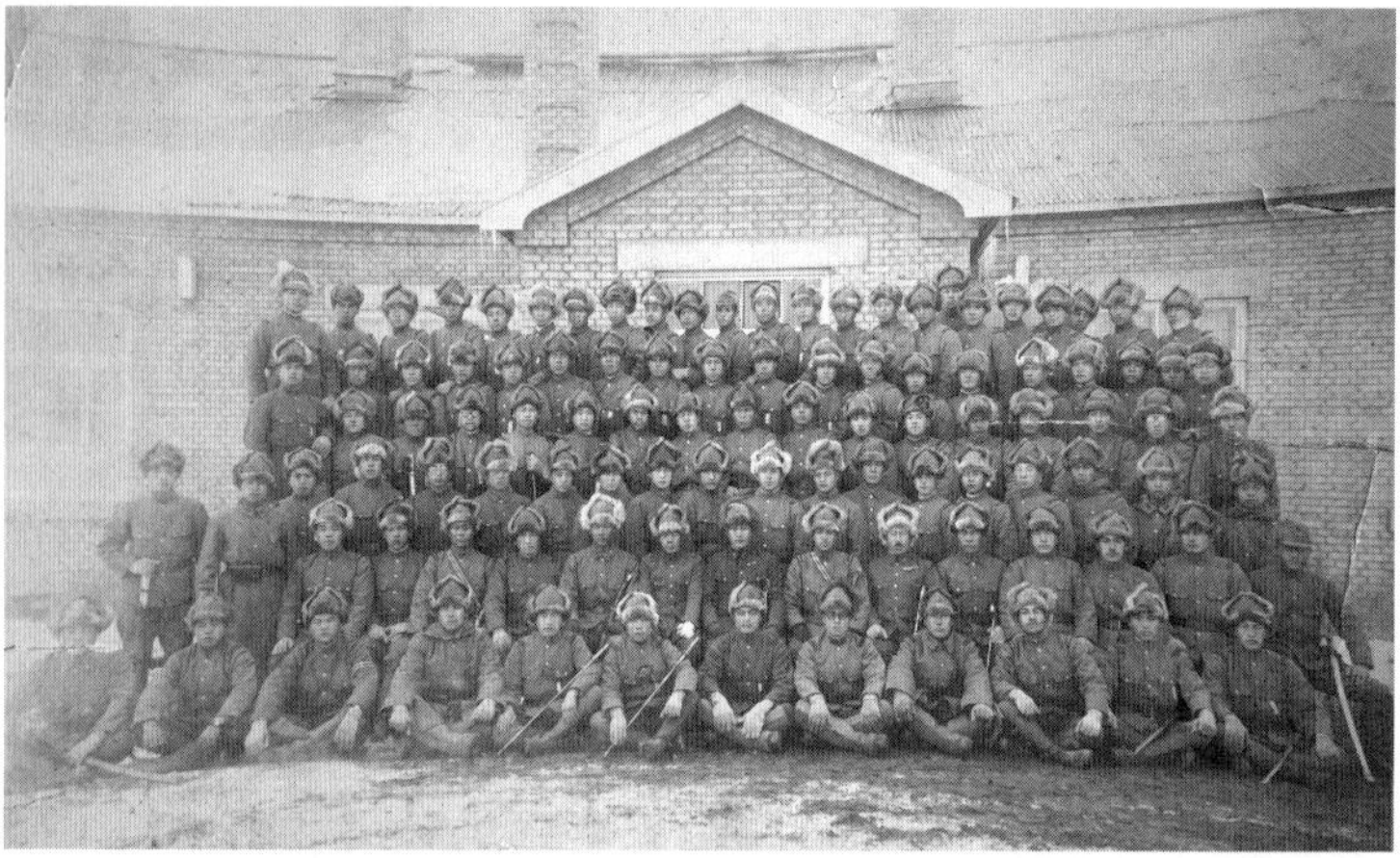

戦地での集合写真（前から4列目、右から6人目が田中、最前列左から4人目が冨士）

二一歳、口を真一文字に結んで正面を見据え、気の強そうな表情をしている。最前列には恵美子氏の父、冨士の姿もある。

「父はしょっちゅう、角栄さんの話をつぶやいていましたね。軍隊生活の中でもよく鼻歌を歌っていたそうで、ひょうきんで憎めない男だったよと話していました。角栄さんは普通の人と違った、はみ出したことをするから目をつけられて、上官に年中ぶたれているところを、俺は見ていたと。角栄さんが夜中にパンを盗みに来て見つかっても、父はそれをかばっていたそうで、『自分は角栄を一度も殴ったことがない』（冨士は田中と同い年だが、軍の階級では上官にあたる）というのが口癖でした。それだけ愛嬌があって憎めない人だったということを、何度も聞かされていました」

集合写真の田中角栄

この写真は、ノモンハン事件の停戦協定が成立した翌月の一九三九（昭和一四）年一〇月二五日に、前線基地だったハイラル（現中国内モンゴル自治区）で撮られたものだ。写真の裏面には「昭和一四年十月二五日寫《うつ》ス」と手書きで記されている。

集合写真の兵士たちは全員が厚い防寒帽をかぶっている。写真が撮影されたハイラルは北緯四九度に位置し、北緯四五度の北海道稚内市よりもだいぶ北である。内陸性気候で秋冬の冷え込みは強く、気象庁のデータによれば一〇月の平均気温は一・三度、最低気温はマイナス一〇度を下回る日もある。渡満直後の春の風ですら「刺すよう」な寒さだったのだから、雪国・新潟生まれの田中にも、ハイラルの秋冬の寒さは応えたことだろう。

写真に写っている兵士を数えてみると合計一〇三名、みな田中と同年代と思われる若者である。あどけない表情を残した兵士も多い。この写真に収められた人物の多くが、戦地で帰らぬ人となったのかと思うと、いたたまれない気持ちがこみ上げてくる。恵美子氏もその後の満州での戦況や隊内の同僚について、父親から繰り返し聞かされていたという。

「写真に写っていた同僚の多くが戦死したと話していました。写真を見ながら『こいつも、こいつも戦死してしまった』という話をすることもありました。『みんないないんだ、戦争は恐ろしいものだ』『角栄も一歩間違えば、死んでいたよ』と、いつもそんな話をしていました。どれだけの遺族の人たちが悲しんでおられるか、想像に余りあるものがあります。父も『この写真だけはしっかり守って残してくれよ』と常に言っていましたし、私も亡くなった方への供養だと思って、写真を大切に保管していました」

戦地での経験がもたらしたもの

田中の軍隊生活は、この写真が撮影された一年後、思わぬ形で終焉を迎えることになる。一九四〇（昭和一五）年一一月、田中は現地でクルップ性肺炎を発症し、日本に送還されることになったのである。そして病気の治癒後、田中は除隊となった。中国大陸を離れるときの思いを、田中は後にこう綴っている。

「大連港の岸壁を船が離れたとき、なぜかホロリと涙がこぼれた。病いのため、内地に帰ることなど夢にも考えていなかった満二年に及ぶ月日を省みて、感概深いものがあった。ぐっすり寝込んでいたので、玄海灘の荒波はあまり記憶にない。再び帰り来ることのないものと考えていた瀬戸内海の美しさと、大阪天保山の桟橋に船が着いた瞬間の気持ちだけは、満二五年過ぎた今日も、胸の底に刻み込まれている。大阪では天王寺にある日赤病院に運ばれた。日赤での一ヶ月に近い病院生活は、北満の果てでは考えも及ばないほど完璧なものであった。大阪に帰りついてからは、病気も急速によくなるようであったし、満州で別れてきた戦友たちに申しわけない思いの日々であった」[12]

田中の属した騎兵第二四連隊は、終戦直前の八月九日のソ連侵攻によって、壊滅している。田中の評伝も執筆した作家の保阪正康は、「田中は、もし肺炎になっていなければ、このときに戦死したはずであった」と述べている。[13] 除隊後田中は、田中土建工業株式会社を設立し、二五歳の若さで社長となる。事業を急拡大させた田中は、終戦後の一九四七（昭和二二）年に二八歳で衆議院議員に初当選し、その後一気呵成に政界中枢を上り詰めていった。

一方、小野澤冨士は満州の戦線を辛うじて生き延び、終戦の一年後に復員した。戦後、郵政省の事務官として勤務していた冨士は、一九五七（昭和三二）年、三九歳にして郵政大臣に就任した田中と、省内で偶然に再会を果たす。田中の郵政大臣時代には大臣秘書官を任されるほどの信頼を寄せられ、プライベートでも旧交を温めていった。

田中について語りながら、恵美子氏は次第に言葉を詰まらせ、涙声になっていった。死してなお、会ったこともない女性にさめざめと涙を流させる田中の影響力に、私は言葉を失った。

「父の話では、角栄さんはあまり戦争のことは話したがらなかったみたいです。自分だけ助かって、多くの仲間が戦死したという負い目と引け目を強く持っていたのだと思います。『戦争は二度としたくないよな』と父によくつぶやいていたそうです。そんな話を何回か聞いたことがあります。角栄さんも戦争が嫌いだったのだと思います。常に孤独を抱えて、何か満たされないものがあった人だったのでしょうね。辛かったでしょうね」

保阪も同様に、「あれほど饒舌な田中が、陸軍兵士の時代を語らないのは、『不愉快』であると同時に『ふれたくない』との思いがあるからと言っていいように思う[14]」と分析した上で、「どうやって戦争を避けるべきかという基本的な命題を学んできたのだ。だから政治家として器が大きくなった[15]」と、戦争体験が政治家としての素養を育んだとの見方を示す。そして戦時中の田中の生き方は、軍国主義的なイデオロギーとは無縁の庶民感覚に根ざしたものだったと指摘する。

「田中の戦争体験は、国家がどうであれ、自分の考えで生きるんだという形を貫いた点で、当時としては少し冷めた感情を持っていたと思います。田中は大日本帝国憲法下の空間に対して、基本的に違和感を持っていた。その違和感は、庶民的な素朴な感情だったと思う。

イデオロギー的なマルキシズムの思想的な違和感ではなくて、『何で戦争へ行って死ななきゃいけないのか』という庶民としての人間的な感覚を持っていたのではないでしょうか。軍国主義日本という枠組みの中で、その枠を了解しないという庶民の生き方をしたのだと思います」

ジャーナリストの田原総一朗は、「角さんは〝汚れたハト派〟と呼ばれたが、実際は本物のハト派だった。角さんの戦争体験が、今の自民党のハト派をつくった[16]」と述べ、田中の戦争体験が戦後の自民党穏健派の源流となったと指摘する。そして、田中から次のような発言を聞いたと語る。

「戦争を体験している人間が政治をやっている間は、絶対に戦争はやらない。大丈夫だ[17]」

戦争体験と、多くの戦友を亡くしながら生き残ったことへの「贖罪意識《しょくざいいしき》」が、戦後の田中の原点となっていたのかもしれない。

日中国交正常化　田中と大平の原点

持ち前の才覚によって、生き馬の目を抜く政界で頭角を現していった田中は、一九七二（昭和四七）年、内閣総理大臣に就任する。総裁選挙を勝ち抜いた余勢を駆って、総理就任二ヶ月後に実現させたのが、日中国交正常化だった。その半年前、田中は国会で自身の戦争観を初めて語っていた。

「私も昭和一四（一九三九）年から昭和一五（一九四〇）年いっぱい、一年有半にわたって満ソ国境へ一兵隊として行って勤務したことがございます。しかしその中で、私は人を傷つけたり殺傷することがなかったことは、それなりに心の底でかすかに喜んでおるわけでございますが、（中略）迷惑をかけたことは事実である、やはり日中国交正常化の第一番目に、たいへん御迷惑をかけました、心からおわびをしますという気持ち、やはりこれが大前提になければならないという気持ちは、いまも将来も変わらないと思います[18]」

東京大学名誉教授の御厨貴は、田中の戦争体験に根ざした対中認識が、日中国交正常化の原点にあったと指摘する。

「『日本は中国に迷惑をかけたよね』というのは、極めて抽象的だけれども、日本の歴史を眺めたときの彼の反省だと思うんですよ。その反省材料が、中国と国交を回復して、日本との関係性をより強めていくという認識の原点になったことは、間違いないと思います」

一方で保阪は、田中の対中国政策は現実主義的な国益の追求が第一にあり、戦争体験に基づく認識は、その前提基盤となるものだったと見ている。

「中国を現実的に承認して国交を結ばなければ、日本という国の存在はいつまでもアメリカに従属している西側陣営の尻尾みたいなものだと田中は考えていたと思います。この立場から自立して、中国とフィフティー・フィフティーで付き合い、マーケットとしての可能性を切り開く。そうしたことを現実的に判断して、佐藤内閣の対中国への硬直した姿勢を突き破るためにも、田中は中国との国交を目指したのだと思います。軍事的に日本が迷惑をかけたという認識は、これから中国と手を結んで現実的な新しい関係をつくっていく際の前提として付随しているのだと思います」

外務大臣として田中と共に日中国交正常化交渉に当たったのが、大平正芳である。日韓国交正常化交渉時に続いて、二度目の外務大臣を盟友である田中の政権で務め、この六年後に総理大臣となる。

戦時中、若き日の大平も田中と同様、中国大陸に渡っていた。大蔵官僚だった大平は、田中が満州に着任したのと同時期の一九三九（昭和一四）年、二九歳で中国の占領地行政を担う興亜院に出向する。蒙疆連絡部経済課主任として赴任したのは、内蒙古の張家口《ちょうかこう》だった。そこで大平は、軍部の専横ぶりに嫌悪感を抱く。

「現地の行政に圧倒的な実力をもっていたのは、何といっても軍司令部で、若い尉官や佐官クラスの参謀が、その権力を誇示していた。（中略）現地の軍や政府の連中は、興亜院のわれわれを厄介もの扱いし、『何のためにやって来たのか』といわんばかりの冷遇ぶりであった[19]」

「『白紙に画を書くように仕事が出来る』と謂《い》われたが、事実は身動きも出来ないように、実権は軍によって掌握されていた。これは占領地だから或る程度やむを得ないことであったが、軍人の中には相当思い上がった横柄な人もいて、決して感じのよいものではなかった[20]」

こうした戦地体験は、大平の対アジア外交の原点を形成していった。後に大平は、あるべきアジア外交の方針や日中関係の姿について、次のように語っている。

「昔われわれの軍隊が、戦争を通して残した爪跡は、まだ完全に癒えてないということを忘れてはいけないと思います。つまり日本は、アジアに対して高姿勢であってはいけないわけであります。日本は深い反省の上に立ち、十分の礼譲のあるマナーを心得て、誠実にアジア外交に当らなければならないことは申すまでもありません[21]」

「むしろ私は最近の日本の風潮は、（中略）加害者である立場と被害者である中国、わが国が中国に害を加え、中国が被害を受けたという、そういう日中関係を、あまりフェアにみていないと思います。つまり、そういう中国が、日本と対等の友好関係を求めていこうということに対し、われわれは真面目に取り組むべきではないでしょうか[22]」

日中国交正常化を実現した総理大臣と外務大臣の二人が、奇しくも戦時中の同時期に渡っていた中国大陸での実体験。その三〇年あまり後に中国を訪問した二人の脳裏には、戦時中の中国とそこに暮らす人々の姿が去来していたのかもしれない。

「日本列島改造論」誕生過程

日中国交正常化と並んで田中の看板政策となったのが、「日本列島改造論」だった。渡辺は、田中を総理に押し上げる原動力となった「日本列島改造論」について、次のような独自の見方を示している。

「日本列島改造論は、角さんの土建屋的感覚と国土開発、過疎・過密解消論が結実してできたものでしょう。角さんは、過疎化して遅れていく新潟県の出身者として、日本列島改造論を信念として持っていたね[23]」

田中は一九六六（昭和四一）年の「黒い霧事件[24]」を受けて自民党幹事長を退き、党の都市政策調査会長を務めることとなった。この時期は、田中にとって佐藤政権下で唯一、幹事長・大臣ポストから外れた「不遇」の時期となった。

しかし田中は逆にその時間を利用して、「日本列島改造論」の原型となる「都市政策大綱」をまとめ上げていた。そこから「日本列島改造論」の構想を看板政策として練り上げ、総理の座を懸けた一九七二（昭和四七）年七月の党総裁選挙の一ヶ月前に、書籍として世に出している。

「日本列島改造論」とは、第一に太平洋ベルト地帯に集中した工業の地方分散、第二に都市改造と新地方都市の整備、第三にこれらを結ぶ高速道路・新幹線などの高速交通網の整備を柱としたもので、田中が総裁選挙を勝ち抜く推進力となった。渡辺はこの「日本列島改造論」の誕生過程をつぶさに取材していた。田中の総理就任後、渡辺はその分析を月刊誌に寄稿している。

「田中角栄は、池田内閣の政調会長、蔵相から佐藤内閣で蔵相、幹事長四期、[25]通産相と、たえず陽の当たる場所ばかり歩き続けてきたが、この間一度だけ、冷飯を喰ったことがある。それは、一九六六〈昭和四一〉年一二月、〝黒い霧〟の責任をとって辞任、都市政策調査会長の閑職に追われたときである。が、この冷飯時代が、偶然にも、唯一の〝田中政策〟を策定するチャンスとなったのだ。この時期がなければ、今日のベストセラー『日本列島改造論』は生れなかっただろうし、〝コンピュータつきブルドーザー〟のイメージも作られなかっただろう[26]」

この論考の中で渡辺は、「田中の政策ブレーンは誰か」という問題意識で独自の取材・分析を行っている。渡辺によれば、「日本列島改造論」の原型は、二人の私設秘書が中心となり、官僚の知恵も借りながら策定されたものだという。

「麓邦明《ふもとくにあき》、早坂茂三の二人の私設秘書が、『都市政策大綱』をまとめ、書き上げたのである。もし、〝田中政策〟のブレーン・トラストがいるとするならば、この二人こそ、それであろう」

「沢山のアイディアを体系化し、原案をまとめあげるのにもっとも役立ったものは、早坂によれば、当時経済企画庁総合開発局総合開発課長の下河辺淳であり、麓によれば、顧問格の高級官僚としては、元大蔵次官平田敬一郎と自治省行政局長宮澤弘であり、学者では坂本二郎の発言とその著書であったというが、下河辺と坂本は田中に直接、進講したわけではない」

「できあがった『都市政策大綱』を、田中角栄は一夜で読んだという。読み終った時、田中は、『これで勝負しようと決断した』(麓談)のだという[27]」

渡辺はさらに、この大綱が「日本列島改造論」に変貌していく過程についても分析を加える。「都市政策大綱」をベースに田中が応じた口述取材を、早坂茂三と通産大臣秘書官の小長啓一らが中心となって原稿化し、田中自らが全面的にゲラに手を入れてできあがったのが、書籍『日本列島改造論』だという。同著は九〇万部を超えるベストセラーとなり、「今太閤」田中角栄ブームの原動力となった。

「〈田中は日刊工業新聞社の〉政経部長及び三人の部員に対し、二時間ずつ三回口述した。口述速記のスケルトンを作り、日刊工業のスタッフが取材して数字をととのえた。(中略)今度は、田中通産相秘書官小長啓一が、早坂茂三とコンビを組んだ。早坂が一次案、二次案と一人で書き進めるに従って、例によって官僚陣営の点検を得るため、小長秘書官は、関係各省との連絡に当たった。この間、とくに通産省企業局立地指導課長浜岡平一が熱心に協力した。六時間の口述がB六判二一九ページの立派なベストセラーとなってしまったのだが、『都市政策大綱』の時と異なり、田中は『ゲラを全面真赤にするほど手を入れた』(早坂談)という。こうして、政治家の〝著書〟としては、空前のベストセラー(一ヶ月で四〇万部といわれる)が、総裁公選の直前の六月二〇日発売され、田中ブームの一つの基礎ともなった[28]」

一方で渡辺は、「日本列島改造論」誕生過程の分析を通じて、田中の政策ブレーンは私設秘書と経済官庁以外に存在しないと喝破し、田中自らが官僚コントロールを図ろうとするが故に、官僚への妥協・依存が生じるだろうと予測している。

「政党政治家が、巨大な官僚機構に対処する方法は、ルーズベルト流に、非官僚のブレーン・トラストをホワイトハウス、もしくは主要官庁の首脳部に導入して官僚支配をめざすか、田中流に、官僚と政党政治家(首相)との間に介在物をおかず、直接コントロールをはかるかであるが、前者の場合は官僚との対決の形となり、したがって各種の官僚の抵抗を覚悟しなければならないのに対し、後者の場合は官僚との妥協が必然となる。(中略)庶民宰相田中角栄の政治的指導力で打開することを期待したいが、田中首相はこれまで述べてきたように、官僚勢力との妥協によって、官僚をコントロールするというもっとも安易(だが、即効的)な手法をとろうとしているため、この期待はむなしいものとなろう。

（中略）結局、政策決定や行政面での田中にとってのコンピュータは、意外にも官僚であったということになってしまうのである」[29]

田中と官僚の距離感を示したこの渡辺の分析は、後に田中の金脈問題を追及し、その失脚のきっかけを作った立花隆の分析とも類似する。「党人派政治家」の家元のように見なされがちな田中を、立花が「官僚に極めて近い政治家」と分析している点が興味深い。

「現実の角栄は、官僚と対決するタイプの党人政治家ではなく、むしろ、ナミの官僚政治家よりも官僚に近い政治家で、またそうであればこそ、あれだけの実績があげられたわけです」[30]

立花と共に田中の金脈問題を追及したルポライターの児玉隆也も、同様の分析をしている。

「田中は、自分の生きように共存している強烈な自信とコンプレックスに悩まされてきた。独学の人、待ったなしの人生を歩いた人間は、自分との同質、自分のエピゴーネン〈追随者〉を好まない。だから、異質の、飼い慣らされて訓練豊かな行政経験を授かった人間の力を彼ほど正確に評価し、利用する人間はいない。党人、といわれる彼ほど、自民党の乏しい政策立案能力を官僚でカバーする人間はいない。彼が戦後のあきあきとした官僚出身総理の治政に歯止めとして登場したとき、世人は、彼こそもっとも〝官僚的党人〟であったことを、うかつにも気がつかなかった[31]」

その一方で渡辺は、盟友の中曽根康弘との総理の座を見据えた勉強会で、「首相直属のブレーン機関」の必要性を痛感していた（第七章参照）。勉強会では、アメリカのルーズベルト大統領の政策顧問団が、世界恐慌への対応として「ニューディール政策」の立案を主導した実例を始め、ブレーン集団がアメリカ政治において果たした役割を分析していた。その後に赴任したワシントン支局でも、大統領側近の俊傑たちがホワイトハウスの政権運営を主導していく様を間近で見てきた。こうした渡辺にとって、田中のブレーン不在の政治手法は「他山の石」と映ったのかもしれない。この一〇年後に発足する中曽根政権において、渡辺が提言していた「首相直属のブレーン機関」の構想は、土光敏夫が会長を務める第二次臨時行政調査会（第二臨調）や、学識経験者を集めた審議会の多用など、具体的に結実することになる。

〝時代の体現者〟の光と影

立志伝中の人物として、「今太閤」「庶民宰相」と喝采を浴び、政権発足当初は高い人気を誇った田中だが、「日本列島改造論」の影響による地価高騰や石油危機など経済運営に苦慮し、支持率は次第に低迷していく。そして田中に決定的な打撃を与え、退陣の端緒となったのが、自身の「金脈問題」であった。

渡辺は戦後保守政党の資金調達術について、「官僚派」と「党人派」の違いを、戦後の歴史的経緯も含めて次のように分析し、田中の資金調達方法は、「党人派の典型的性格」であると指摘している。党人派政治家を軸に全方位的に広がる人脈と、怜悧な分析力を併せ持つ渡辺の政治記者としての面目躍如《やくじょ》たるような考察である。

「戦後の〈公職〉追放令や財閥解体で大企業の経営権を失った資本家群にとって代わって、官学出身のエリート経営者層が生まれ、この新エリート経営者層と〝官僚派〟とは、立法、行政両府を通ずる政策決定過程に影響力をおよぼすことによって、たがいに利益を分けあってきた。（中略）官僚それ自体が本来的に持つ秘密主義的性向、法制上の守秘義務、学閥上の親近関係と相互扶助関係、これらがあいまって、戦後のエリート経営者群と保守党官僚派の間の堅固な資金流通経路を形成したのである。

これに対し、保守党内の〝党人派〟は、鳩山一郎を頂点とし、戦後のＧＨＱによる追放

という ハンディキャップによって、官僚行政を通じて形成された豊富な資金経路から疎外され、主として二流のワンマン経営者や資本家、非エリート的戦後成金を資金源とした。このような資金源は、当該企業の経営状況がよく、企業利潤が高い時は、しばしば官僚派の資金量に対抗し得るが、長期的に見ると安全性と安定性を欠いていた。ワンマン経営者や戦後成金の資金調達には、投機的性格や違法、脱法的性格が伴いがちであり、なにより危険なことは、〝党人派〟政治家が、直接、企業経営の内容にタッチし、コミットすることがありがちであったことだ。河野一郎、大野伴睦ら、典型的党人派の資金調達にもその傾向が歴然と現われていたし、わが〝庶民宰相〟田中角栄は、派閥的には、吉田直系の保守本流官僚派に属しながら、実体的には、特に資金調達面で、まったく〝党人派〟の典型的性格を示していたのである[32]」

そして渡辺は、保守政党の金権政治体質は明治以来続くものであり、田中に始まったものではないとしながらも、田中の資金収集量は「許容限度」を越したものであったと指摘する。

「このような金権政治は、インフレと共に進行しているとはいえ、今に始まった話ではない。実弾の乱舞する修羅場で、日本的な権力の移行を体験してきたわが田中角栄の場合は、官閥、学閥のないハンディキャップを埋めるため、伝統的党人派の資金収集方法を、やや極端に展開したため、（中略）許容限度を越したのであろう」[33]

そして皮肉も込めて、「保守政治の病理を摘出」した田中の功労を労っている。「わが田中角栄」という表現に、田中への親近感と、時代を象徴する稀代の政治家が権力を失うことへの惜別の念が込められているように感じる。

「わが田中角栄は、その金脈政治の大規模な展開によって、半永久的保守単独政権がもたらした保守政治の病理をわれわれの前に摘出してくれたことで功労を示した。今田中を非難する自民党内の実力者も、政略的にはともかく、道徳的には田中を非難する資格はない。むしろ、この時期に、保守金権政治の実体を国民の前に自ら進んでさらし、議会政治の転覆を未然に防ぐべく、国民に新しい政治選択の時をさし示したことについて、田中角栄に感謝すべきであろう。

毎日を、ハリのムシロの上に坐る思いで、保守金権政治の弔鐘を鳴らしてきた田中角栄こそ、長い議会政治史の上から見ると、佐藤栄作に代って、大勲位とノーベル賞を与えられてもしかるべきだとさえ、私には思われるのである」[34]

こうした田中の行動原理の原点には何があったのだろうか。かつては「裏日本」とも呼ばれた雪国・新潟から裸一貫で上京し、高等小学校卒の学歴から総理大臣に上り詰めた田中は、「日本列島改造論」を掲げ、地方にも経済成長の果実を行き渡らせようとした。渡辺が田中のブレーンであるとした秘書の早坂茂三は、「日本列島改造論」と「日中国交正常化」に共通する田中の胸中の深淵について、次のように述べている。

「中国問題と日本列島改造論は、田中の共通した思想で結びついていた。明治から敗戦に至るまでの間、わが国の中国政策は、中国民衆の血と涙の上に日本の繁栄を探す軌跡であった。同様に戦前の内政は、恵まれない地方の犠牲の上に表日本、都市が繁栄する路線であった。田中が目指したのは日中、わが国の都市と農村に見られる両者の関係を解体し、双方が共存共栄できる道を開くことである[35]」

御厨は、「日本列島改造論」の原点に、田中の戦争体験があったと分析する。

「田中の日本列島改造は、太平洋側と日本海側にあったものすごい格差を是正して、過疎と過密の同時解消をやるのが狙いでした。そういう格差をなくして平等化していくような発想というのは、彼の軍隊経験にもルーツがあると思います。軍隊内の格差や理不尽、あるいは戦死を目の当たりにして、『そういう世の中ではいけないんだ』という、やや軍隊経験を抽象化して、彼なりに政策化していったのが、戦後の彼のあり方だという気がします」

東京大学教授の苅部直は、田中の深層心理について、次のような分析を行っている。地方を足場として栄達を極めた田中の心理、そして田中が象徴した時代性の分析として大変興味深い。

「田中角栄の人生が表しているのは、戦前・戦後を通じての高度な産業化の時代に、『地方』を足場としてのしあがった政治家の、栄光と悲哀とにほかならない。(中略)『地方』の進取心に富んだ若者が、『東京』に対する恨めしい気持ちを根柢に抱えながら、中央政治での栄達をめざそうとする場合、複雑な心理状況を生みだす。彼は、いずれにせよ中央権力が生み出した上昇階梯を足がかりにして昇ってゆかざるをえない。そのため、『地方の論理』を中央のエリートたちにぶつけることを動力源としながらも、同時にまた、官僚の怜悧な合理性の論理をも、たくみに身につけなくてはならないのである。──『コンピューターつきブルドーザー』と呼ばれた、田中の人格における、泥臭さと合理性との奇妙な共棲の裏には、そうした心理状況が隠されていたように思われる」

「(田中は)物静かな妻を大事にし、またそのほかの女性からも盛んに好かれ、噂の相手も少なくなかったが、その誰からも決して恨まれることがなかった。政治家として地元に『お国入り』する際に、自動車にかけより握手を争って求めたのも、年配の女性たちであった。彼女たちはおそらく、角栄の豪放な挙措の奥に潜んでいる、ある心の深い裂け目に気づき、覚えずながらのうちに、それに寄り添うように魅かれていったのではないだろうか」[36]

児玉隆也は「日本列島改造論」には、田中のセンチメントの部分が流れているとした上で、徒手空拳で政界を上り詰めた田中が抱いていた自負と矜持について指摘する。そして芥川龍之介がレーニンについて綴った次の詩の一節に、田中の内心が表徴されているとしている。[37]

「誰よりも民衆を愛した君は　誰よりも民衆を軽蔑した君だ」[38]

保阪は田中の人物像について、次のように総括する。

「田中角栄という人を理解するのは、色々なパズルを組み合わせるようなものです。田中角栄という像が歴史的にどういう形になるのか、未だ定まっていないと思います」

田中は総理大臣を退任しロッキード事件で逮捕された後も、自民党の最大派閥を率い、政界に絶大な影響力を行使していった。田中の動向は、次章で記述する渡辺の盟友の中曽根康弘の総理大臣就任を決定づけることになる。

ＮＨＫが戦後七〇年の節目を前に行ったアンケート調査で、「日本の戦後を象徴する人物」として、二位以下を大きく引き離して第一位となったのは、田中角栄だった。[39] 毀誉褒貶が相半ばする田中角栄の人物像を再構築し、時代のどのような側面を表象していたのかを探ることは、とりもなおさず戦後政治とは何だったのかを捉え直し、政治の現在地を再考していくことに繋がるのではないだろうか。

第一一章

中曽根政権

戦場体験と現実主義

渡辺恒雄　五六歳

一九八二年　中曽根政権発足時

建言したことは
全部使ってくれるから、
こっちも指示のしがいがある

中曽根と渡辺

中曽根政権誕生の舞台裏

日本が「ジャパン・アズ・ナンバーワン」[1]と呼ばれ、世界の市場を席巻していた一九八二（昭和五七）年、渡辺は政治記者としての絶頂期を迎えていた。盟友の中曽根康弘が、総理大臣の座を手中にしたのだ。中小派閥の領袖として自民党内の権力闘争を生き抜いた中曽根は、国会議員生活三六年目にして、宿願のポストに上り詰めた。佐藤栄作の後継を争った「三角大福中」と呼ばれる派閥領袖では最後、六度の閣僚経験と三度の党三役経験を経ての総理就任であった。一九五〇年代後半、陣笠議員とヒラ記者の頃から総理の座を見据えた勉強会を行うなど、権力の頂点を目指して二人三脚で歩んできた中曽根と渡辺の戦略は、四半世紀の時を経てついに結実した。

この中曽根の総理就任の舞台裏にも、渡辺は深く関与していた。直前の鈴木善幸政権で中曽根は行政管理庁長官を務めていたが、実は組閣時には大蔵大臣など重量級の大臣ポストを望み、「軽量級ポスト」と呼ばれた行政管理庁長官を受けることに難色を示していた。この時中曽根を説得したのが、他ならぬ渡辺だった。そしてこの入閣が、直後の政権獲得につながったという。

「あのときにね、中曽根さんは行政管理庁長官をやらないと言ったの。だが、やりなさいと僕は言った。中曽根さんが行政管理庁長官をやって、行政改革が日本の政治の中心に移ったのよ。それをしたのは彼の技ですよ。絶えず総理になる前から行政改革を勉強していたし、行政管理庁長官になれば当然、行政改革を勉強する。それが非常に得をしたね。そんな慌てて総理にならんでもいい」

「色々建言したことは全部使ってくれるから、こっちも指示のしがいがある。やりがいがあるわね。馬耳東風、右の耳から左の耳に抜けちゃうだけの政治家が多い。しかし中曽根さんは、とにかく実行するからね。外交政策も、内政も、哲学もだ。だから、この人はこまで成長できたんだなと」

「若くはなかったかもしらんが、中年の盛りのときに三角大福中の最後を飾って、五年も総理大臣やったんですから。これは大成功なんだ」

さらに渡辺は自民党総裁選挙に向け、ある人物との接触を助言していたという。党内最大の実力者として君臨していた田中角栄だ。ロッキード事件で逮捕・起訴され、離党しながらも、党内の最大派閥・田中派の実質的領袖として「闇将軍」「キングメーカー」と呼ばれていた。その隠然たる影響力から、依然として強大無比な権力を掌《たなごころ》にしていた。

東京大学名誉教授の北岡伸一は、田中派（および前身の佐藤派）が、自民党政治の基軸となっていた時期は、一九五〇年代後半から三〇年以上にも及んだと指摘する。すなわち、一九五七（昭和三二）年の岸政権発足から一九七二（昭和四七）年まで続いた佐藤政権までの間は佐藤派と岸・福田派の提携関係、一九七二年の田中政権発足から一九八二（昭和五七）年まで続いた鈴木善幸政権までの間は田中派と大平・鈴木派の提携関係、そして一九八二年の中曽根政権発足から一九八九（平成元）年まで続いた竹下政権までの間は田中派（田中が倒れた後は竹下派）と中曽根派の提携関係が中核となって、党内主流派が形成されてきたという分析である。[2] 田中派はまさに「保守本流」として、戦後政治の中核をなしていたのである。

この田中派の支持を得ることが、中曽根の政権獲得には必要不可欠であった。そのために水面下で動いていたのもまた、渡辺だった。

「田中さんは何たって党内最大の勢力ですから、一時田中派は一四〇人もいた。中曽根さんは派閥の最盛期だって五〇人台ですよ。倍以上の勢力だ。だから角さんに会いなさい。夜、目白の自宅に行って、会って抱き合うんだよと。そうしたら本当に、ある日の午後八時に、目白の田中邸に行って門をたたいて入って、二階の彼の居間で本当に抱き合ったそうだ。以来、田中・中曽根同盟ができるんですよ。田中派の二階堂進さんとか、金丸信さんとか、田中派の重鎮はみんな反中曽根だった。『おやじ、中曽根支持はいかん』とみんな言うた。だけど田中さんは『中曽根はいいんだよ、中曽根は総理大臣になる』と言うようになったんだ。中曽根さんが飛び込んでいったからね。二人は同期当選ですからね」

——同い年でもあるんですよね。

「当選同期生なんだ、まさに国会では。中曽根さんは東大の法学部、角さんは大学出てない。角さんはコンプレックスがあっただろうが、中曽根のほうが来て抱きついてきた。それで喜んじゃって、中曽根と手を握るわけだ。それで中曽根内閣成立を推進しちゃうんだ。田中さんの支持がなかったら、中曽根は総理大臣になってないね。今日《こんにち》の中曽根はなかったと思うね、僕は」

田中との面会を助言していたという渡辺の発言を裏付けるかのような中曽根のメモが存在する。総理大臣に就任する二ヶ月ほど前の一九八二（昭和五七）年九月二五日付で、中曽根が記した日記である。この日の記述には次のような内容が綴られている。[3]

「夜八時半、目白に田中氏を訪問する。（中略）田中発言の近来の動揺、及び中曽根不信の有無につき質す。まったく誤解であると答える。中曽根支援は従来に変わらずと確言する」

田中との会談で中曽根は、支援獲得の感触について瀬踏みをしていたとみられる。さらに話題は鈴木政権の継続を前提に、中曽根が次の内閣改造で希望する閣僚ポストにも及んだようだ。中曽根がこの直後に総理大臣に就任したため、この構想は日の目を見ることはなかったが、やはり中曽根は総理への足がかりとして「重量級ポスト」を希望していたことが窺える。

「中曽根、次は副総理、行管か大蔵ならんと。大蔵を希望す。彼、約諾す」

話題は共通の政敵である福田赳夫についても及んだ。福田と「角福戦争」を戦った田中と、中選挙区制の下、同じ選挙区（旧群馬三区）で「上州戦争」を繰り広げていた中曽根は、福田への警戒感で一致したようだ。

「福田は再び首相への野心ありと。岸と福田は薄情なりと。薄情の点一致す」

そして、田中との会談内容についての記述の後には「渡辺恒雄君に委細電話する」と綴られ、渡辺の助言で田中と面会した中曽根が、その成果を伝えていたことが示唆されている。加えて渡辺はこの時期、「次はぜひ中曽根を総理にしてくれ」と田中への直談判にまで及んでいたという。中曽根もこうした協力について、「只事では」なく、「心中できるくらいの親交がなくてはでき」ないと、後に謝意を示している。[4] 田中との協力関係構築を重視した渡辺の戦略は、この直後に奏功する。

一九八二（昭和五七）年一〇月一二日、自民党総裁選挙告示の四日前、続投すると見られていた鈴木善幸が突如、退陣表明を行う。鈴木の後継総裁の座をめぐって、中曽根康弘、中川一郎、河本敏夫、安倍晋太郎が名乗りを上げる選挙戦となった。

中曽根が総裁選挙を勝ち抜く原動力となったのは、田中角栄の支援だった。田中は鈴木が辞任表明を行ったその日に、早々に中曽根の支持を表明、中曽根は主流派の田中派や鈴木派の支持を得た。これに対して党内非主流派は「田中主導の体制」だとして反発、対立激化の懸念から当初は、話し合いでの総裁選出や、総理と総裁を分離する「総総分離」なども模索されたが、田中や中曽根はこれを拒否し、自民党の全党員による総裁予備選挙の火蓋が切られた。党内主流派の支持を得た中曽根は予備選で、二位の河本の倍以上、過半数を超える五五万票を獲得し圧勝。予備選で二位、三位となった河本、安倍が本選を辞退したことにより中曽根は総裁に選出され、一一月二七日、中曽根内閣が発足した。

中曽根内閣には田中の影響が色濃く反映されていた。閣僚人事では大蔵大臣に竹下登、官房長官に後藤田正晴が起用されるなど、田中派が実に六ポストを占めた。このことから、中曽根内閣は、「田中曽根内閣」「角影内閣」「直角内閣」と揶揄された。党を預かる幹事長にも、田中腹心の二階堂進が起用されていた。

しかし中曽根は、翌年のロッキード事件の田中有罪の一審判決や、竹下登の創政会旗揚げによる田中派の事実上の簒奪、その後に田中が脳梗塞で倒れたことによる影響力低下などを契機に、徐々に「脱田中」を図っていく。そして世論の支持を追い風に、自前の権力基盤を作り上げていった。

〝風見鶏〟の現実主義

総理大臣として、五年にも及ぶ異例の長期政権を担うことになった中曽根。長期の政権運営を可能にした理由の一つが、自身の政治信条や理念に固執せず、状況に応じて柔軟に対応する現実主義的側面だった。

時に「風見鶏」とも評されたそのリアリズムが最も発揮されたのが、憲法改正への対応だった。初当選の時から積極的に主張し続けてきた憲法改正に、中曽根が総理大臣としてどう取り組むのか、注目が集まっていた。

中曽根に期待を寄せていた一人が、元総理大臣の岸信介だ。自身も憲法改正を宿願とし、八〇歳を超えてもなお憲法改正の運動を続けていた。岸が政権最大の課題として取り組んだ日米安全保障条約の改定も、憲法改正への一里塚として位置づけ、推進したものであった。岸は高度経済成長時代以降、改憲気運が一向に盛り上がらない状況に不満を募らせていた。

そうした状況下で、総理大臣の有力候補として台頭していた中曽根を、岸は憲法改正実現の最後の砦だと見ていた。岸は自身へのインタビューの中で中曽根の名前を挙げ、憲法改正に期待をかけた。

「今のところすぐ憲法改正ができるとは思いませんが、現憲法成立の過程は変則的なものであり、内容的にいって日本に適していない幾多の問題があるわけですから、改正するという運動の灯は消したくない。私は議員をやめて第一線から退いたわけだけれど、やはり改正の運動は現議員が先に立ってやる必要があると思う。今では中曽根君ぐらいしかいないから、彼に頼んでやってもらおうかと考えている」[5]

この岸の言葉に対する中曽根の返辞が、岸の郷里・山口県の田布施町郷土館に残っている。一九八一（昭和五六）年八月二八日付で、中曽根が岸に宛てた書簡だ。中曽根は、岸から託された期待と、自らの憲法改正の原点について、次のように綴っている。

「憲法改正につき『中曽根にやってもらう』の一節は電撃にふれた感がありました。これ正に先生の御初心であり小生の初心であります[6]」

この書簡の一年あまり後、中曽根は総理大臣に就任する。岸は中曽根の総理就任の四日後に、すぐさま自身が会長を務める自主憲法期成議員同盟名で、中曽根に自主憲法制定を求める要請文を送っている。しかし中曽根は、岸の要請を黙殺するかのように、憲法改正の封印を国会の本会議場で明言する。総理大臣に就任してからわずか一二日後のことだった。

「現行憲法の民主主義、平和主義、基本的人権の尊重あるいは国際協調主義等の理念はすぐれた理念でございまして、これが戦前と戦後を分かつ大きな政治原理になっていることは明らかであり、これを将来にわたってもわれわれは護持すべきであると考えております。(中略)私は、自由民主党の総裁といたしまして、わが党が党の政綱に定めておる自主憲法制定という基本方針に基づきまして、よりよき憲法を目指して研究し、調査していることとは、政党として当然のことであると考えております。しかし、現内閣におきまして、憲法問題を政治日程にのせる考えはございません」[7]

後に中曽根は当時の状況について、「私は『憲法は日程にのぼらせない』といって、右の方に、ある程度、ラインの限界を示していた」と回顧している。[8] さらに中曽根は憲法改正を封印した背景にあった時代状況と政界の空気について晩年、ＮＨＫのインタビューで次のように総括している。

「当時まだ、憲法改正論を総理大臣として正式に提議するという段階には至らなかったと。高度経済成長の時代の余波を受けていましたからね。憲法改正論を強く持っておりましたけどね、政界全体の空気というものを支配する、これでもって政界の第一義的な問題として取り上げていくという、そういう方向からは少し遠ざかっていったと」[9]

こうした中曽根の姿勢を当時の渡辺はどう見ていたのか。渡辺は平成期に三度にわたって読売新聞紙面での憲法改正試案発表を主導するなど、自他共に認める憲法改正論者であるが、中曽根が拙速、短兵急に憲法改正を進めなかったことを、むしろ評価している。そして、こうした中曽根の現実主義的な姿勢こそが、長期政権を可能にしたと振り返る。

「彼はもともと自衛隊を自衛軍にしろという意見で、憲法改正をやろうと思ったんだが、やっぱり野党工作ね。国会全体の運営をやっていかなきゃならん。ぎりぎり過半数[10]だからできないですよ。憲法改正には国民投票というのがあって、これが分からないんですよ、やってみないと、今でも本当にやったら、わざわざ投票に行って改正のほうに判を押してくれる人が過半数いるのかどうかと。これをやって失敗したらおしまいだからね。よっぽど準備して、票読みが確実になって、各社の世論調査がみんな改憲過半数だという確信を持てなきゃ、実際にはやれないですよ。本当に口で言うのは易しいけど、本当にやろうと思うと、大変な作業が要るね」

中曽根は「風見鶏」と呼ばれた自らの政治姿勢について次のように述べ、揶揄を意に介さないかのように肯定的な意味合いで捉えている。

「風向きを知ることは、操艦の第一歩である。風によって体は動かすが、足は一点にしっかり固定している。これが風見鶏である。イデオロギーや名分にとらわれて、条件の変化に対応できない頑迷硬直の政治家や政治と、適切柔軟なそれと、どちらが国益を守るだろうか。（中略）周囲の気象条件をとらえ、相手の姿勢を把握し、大小の戦機に投ずる行動を重ねて、初めて権力闘争の勝利者となれる」[11]

渡辺もまた、中曽根、ひいては戦後政治家のとった「風見鶏」の姿勢について積極的に是認し、柔軟性のない政治家は大成できないと断言する。

「中曽根さんの風見鶏はまだ大したことない。もっと大物の政治家はもっと極端な風見鶏をやったわけですよ。だって八紘一宇、一億玉砕と言った人たちが、みんな戦後、アメリカ万歳に変わったでしょう。みんな変わり身が早い。岸信介さんだって、反米の権化みたいな人が天下とるんだからね。それから大野伴睦さんだって、派閥次元で言えば鳩山直系、反吉田だった。だけど鳩山さんが公職追放されると、ころっとひっくり返って吉田支持に回って、自由党幹事長、衆議院議長ポストを取って大野派を維持した。あの人も変わり身が早かったね。三木武吉もそうですよ。あれは鳩山内閣をつくった人だけども、もともと反鳩山派で、一〇人ぐらいの派閥の反主流派だった。それがうまく吉田勢力と裏で取り引きして、閣僚をとったりした。これは君子豹変ですよ。政治家っていうのはね、たまには豹変しなきゃ。昔の思想に、昔の体制にこびりついておったら、成功するわけがないの。そのときの世の中の様子を見てね」

壮絶な戦場体験とリアリズム

こうした中曽根の現実主義の根底には、田中角栄以上に壮絶な戦場での経験があった。太平洋戦争の戦端が開かれる直前の一九四一（昭和一六）年の四月、東京帝国大学法学部を卒業した中曽根は内務省に入省するが、省内の席を温める間もなく戦地に赴くこととなる。海軍短期現役士官制度によって、主計中尉として従軍することとなったためだ。短期現役士官制度とは、海軍が旧制大学卒業者等を対象に、特例で現役期間を二年間に限り、兵科と機関科以外の士官を採用した制度である。

二二歳の中曽根は内務省入省直後の四月一八日には海軍経理学校に入学、八月には重巡洋艦「青葉」に配属され、訓練を受けた。その後、輸送船「台東丸」に乗船し、船団の一員として東南アジア方面を転戦する。

中曽根が戦争の惨禍を目の当たりにしたのは、インドネシアのボルネオ島南部のバリクパパンだった。開戦から一ヶ月あまり後の一九四二（昭和一七）年一月二三日深夜、バリクパパン沖で輸送船団は、アメリカとオランダの駆逐艦に遭遇、激しい戦闘となった。中曽根の乗船する台東丸も砲撃され出火し、艦内は大混乱に陥った。中曽根は後に、この戦いを次のように振り返っている。

「砲煙弾雨の中、梯子《はしご》段を降りて懐中電灯で部屋を見ると、みんな手や足がふっ飛んでいる。血だるまになった人間が、『助けてくれ』とうめいています[12]」

「私がかけつけてみると、ハッチのなかは阿鼻叫喚の地獄図だ。腕をもがれたもの、頭を割られたもの、壁にはりつけられて死んでいるものや、血と硝煙の匂いのなかで、うめき苦しんでいるものがいた。実に凄惨をきわめていた[13]」

中曽根が杯を交わして部下とした荒くれ者も戦死した。この戦闘の後、中曽根は浜辺で二三人の戦友の亡骸を荼毘《だび》に付し、その思いを詠じた。

「戦友焼く　鉄板かつぎ　夏の浜[14]」

戦後の歴代首相の中でも、戦場で砲撃を受け、眼前で部下を失う経験をしたのは中曽根だけだと言われている。[15] この戦場体験が、自身の基軸になったと後に中曽根は述べている。

「戦争の苛烈な経験は私のその後の生き方の一つの基軸になりました。人間の生や、生き様や、国家、戦争、国際関係のあり方について深刻な教訓を与えられたと思います。そんな戦時下の経験が、戦後、内務省に戻ってきてから役に立ちました。人とどう接するか、大衆をどうするか。戦闘ほど熾烈なものはないですから[16]」

海軍時代の中曽根

「戦死した戦友をはじめ、いっしょにいた二〇〇〇人は、いわば日本社会の前線でいちばん苦労している庶民でした。美辞麗句でなく、彼らの愛国心は混じり気のないほんものと、身をもって感じました。『私の体の中には国家がある』と書いたことがありますが、こうした戦争中の実体験があったからなのです。この庶民の愛国心がその後私に政治家の道を歩ませたのです[17]」

「日本を開戦と敗戦に導いたときの指導者には大きな怒りを禁じ得なかった。『敗戦は民族の歴史の恥である』とも感じていた。敗戦時、私は国家的指導者ではなかったけれども、そのときの一国民として、日本の歴史に汚点を残したことを申し訳ないと思っていた。『日本を再建し、復興させることが、復員して祖国に帰った者の戦死者への償い』と決意して、私は政治家になったのである[18]」

軍隊で市井に生きる人々の息遣いに触れた中曽根は、こうした人々を塗炭の苦しみに陥れた戦争と、戦争を主導した指導者への憤りを募らせた。とりわけ強い問題意識を持ったのが、一度策定した作戦に拘泥する軍部の「官僚主義」だった。さらに中曽根は、軍部が大日本帝国憲法に規定されていた「統帥権」を都合良く解釈することで暴走し、それが開戦の原因になったと考えていた。

「先の戦争が起きた原因を考えるとき、その元凶は官僚主義であるというのが、私なりの結論である[19]」

「本来ならば、大東亜戦争が起きる前に、明治憲法を改正して、曖昧な解釈をされるおそれがある統帥権に関する記述に何らかの手を加えなければならなかったのだ。一つは、統帥権が暴走しないように調整する方法か、もしくは軍令を抑制する力を内閣がもてるように解釈を明確にする必要があったのだ。そういう作業を怠ったために、大東亜戦争に突入してしまったことを、私は反省している。官僚主義に関しても、行き過ぎると国の進路を危うくすることがあるので、それに対抗できるだけの知識や発想力、構想力をもった政治家が一人でも多く政治の場に立たなければならない。これも教訓である」[20]

戦後、こうした戦争体験を原点に中曽根は政界に打って出る。終戦後に復帰した内務省をわずか一年あまりで辞し、一九四七（昭和二二）年の衆議院選挙で初当選、二八歳にして国会議員となる。中曽根は内務官僚出身でありながら、戦後の政界で「官僚派」ではなく「党人派」として自他共に許す存在であった。それは官僚としての経験が単に短かかったためだけではなく、こうした戦争の原体験から、自らを「官僚派」とは違う存在として規定しようとしたことも一因だったと考えられるだろう。そのことは、渡辺との勉強会で主張されていた官僚派への批判的スタンスとも符合する（第七章参照）。軍部の「官僚主義」への批判的な視点が、後に「風見鶏」とも呼ばれた中曽根の柔軟な政治姿勢の基盤にあったのであろう。

東京大学名誉教授の御厨貴は、中曽根が元来持っていた国士的意識と国家統治意識が、戦争体験によって反芻され研ぎ澄まされたことが、政治家としての原点になったと指摘する。

「彼は大学卒業後に内務省に入っている。内務省に入る人にも色々なタイプがありますが、中曽根さんは特に、国家をどう統治したらいいのかということを、最初から考えていた人だと思います。日本が他の国家とどう対峙したらいいのか、それは戦争だけが唯一の手段なのか否か、そういう問題を深く考えたと思います。だから彼は戦地から帰ってきたら、これは田中角栄とも共通しますが、内務省を辞めて、国民のためによい政治をしたいという所に行くのだと思いますね。最初から国家観があるわけです。

やっぱり戦争体験が彼の一つの原点で、ただその原点から草の根平和主義に行く人もいれば、彼のように現実主義的に軍隊が必要だとなる人もいる。渡辺さんも後者の考えでしょう。それは、それぞれの政治家のあり方によるのだろうと思います」

戦争の最前線に立たされた中曽根や田中、そして渡辺ら大正生まれの世代。一九一二年から一九二六年まで一五年間続いた大正時代に生まれた彼らは、日中戦争が始まった一九三〇年代後半から太平洋戦争が終わる一九四〇年代中盤に、多くが二〇代から三〇代となっていた。まさに戦場で硝煙弾雨に晒され続けてきた世代だ。この世代の男性はおよそ七人に一人が戦死したとも言われ、戦死者が突出して多い世代だった。

作家で近現代史の実証的研究を続けてきた保阪正康は、中曽根、田中、渡辺ら死と隣り合わせにあった大正生まれの世代が直面した苛酷な時代状況を、次のように語る。

「大正生まれの男性は約一四〇〇万人いますが、そのうちの実に二〇〇万人弱が戦死しています。この世代は戦争のために、戦争要員として生まれてきたとさえ捉えられるような世代です。だからこの世代に対しては、私はすごく真摯な気持ちになり、哀惜の念と哀悼の念を強く持ちます。日本人の軍人・軍属は、政府の公式の発表で二三〇万人が戦死したとされていますが、その数字のほとんどは大正生まれの世代です。しかも日本政府は二三〇万人の戦死者のうち、何歳の人がどれだけ死んだかという統計を出してないんです。出すとあまりにも衝撃が大きいから、出せないのだと思います。学徒出陣を経験しているのも、多くがこの世代です」

そして保阪は、否応なしに戦場に送られた大正生まれの世代は、実地の戦場体験を持ち、そのことから「非戦」の感情を強く持っていることが特徴として挙げられると指摘する。それは戦後に政治家となった人物も同様だという。

「戦場体験で戦場に近づけば近づくほど、『非戦』の感情が強くなる。それは反戦とか厭戦とか嫌戦とも違う感情です。逆に戦場から遠ざかれば遠ざかるほど、非戦の感情が希薄になるというような法則もあるんですね。そして軍隊の階級が下の者ほど、非戦の考えが強い。つまり階級に比例して、階級が上位に上がっていくほど、非戦の感覚が薄れていくというようなことがあるのを強く感じます。

私は兵士としての戦場体験を持っている人が、戦争に対する非戦の感情という点で一番信用できる。私が政治家の中で、大正の生まれの政治家を信用できるのは、彼らは好むと好まざるとにかかわらず、戦場体験をさせられているからです」

大正生まれで、士官学校なども含めた軍隊経験を持つ政治家には、どのような人物がいるのだろうか。第一章で記述した学徒出陣経験をもつ人物とも一部重複するが、戦後に保守陣営で活動した政治家では、安倍晋太郎、梶山静六、金丸信、後藤田正晴、塩川正十郎、竹下登、野中広務、鳩山威一郎、渡辺美智雄、岸田文武ら、革新陣営では、石橋政嗣、大田昌秀、田邊誠、田英夫、野坂浩賢、村山富市らが、こうした世代に属する。

そして軍隊経験を持つ大正世代の政治家の中でも、中曽根康弘は実際に戦地に赴き、砲弾の飛び交う阿鼻叫喚の惨状を目の当たりにし、目の前で戦友を亡くしているという点で、際立って酷烈な戦場体験を有していた。保阪は、時にタカ派と言われながらも実体験を基盤にした中曽根の戦争観には、「非戦」の考えが根ざしていたと分析する。

「中曽根さんは戦場と極めて近い距離にいたという点で、私は彼の戦争観は信用できるんです。反戦や非戦などの感情は頭の中で考えられますが、実際に戦場に立つことによって目で確認します。目で確認したものを、彼らは頭の中で理論化する、その作業を通して『こんな戦争やっていたら大変なことになる』という結論になる。中曽根さんもそのプロセスを辿ったと思います。だから『誰が戦争をやれと言ったんだ』という青年としての怒りが、中曽根さんの初期の政治行動にはあったのだと思いますね。それは戦場体験をした人が持つ非戦の感情から生み出されているものです」

中曽根は二〇一五（平成二七）年、九七歳の時に新聞に寄稿した文章において、「あの戦争は何としても避けるべき戦争であった」と述べている。

「第二次大戦、太平洋戦争、大東亜戦争と呼ばれる『あの戦争』は対米欧、対中国、対アジアとそれぞれの面において、さまざまな要素と複雑さを持ち一面的な解釈を許さない。米欧に対しては資源争奪の戦いでもあり、帝国主義的な国家、民族間の衝突でもあった。一方、中国に対しては、『対華二一カ条要求』以降の日本軍による戦火拡大は、侵略行為であったと言わざるを得ない。大東亜共栄圏を旗印に、植民地政策に苦しむアジア諸国救済を謳い進出していったが、土足で人の家に上がるような面もあったといえる。（中略）

当時の日米の国力比の見積もりは、一対四、一対一〇、一対二〇とさまざまであったが、いずれにおいても長期戦になると勝てない、との結論であった。当時の政権もそれを知っていたが、本来なら冷静な戦略判断の下、外交交渉において戦争を回避すべきところ、そうはなり得なかった。

やはり、あの戦争は何としても避けるべき戦争であった。地上戦が行われた沖縄をはじめ広島と長崎での原爆の投下など三〇〇万人を超える国民が犠牲になり、日本本土への相次ぐ空襲によって国土は焦土と化した。
政治にとって、歴史の正統的潮流を踏まえながら大局的に判断することの重要性を痛感する。歴史を直視する勇気と謙虚さとともに、そこからくみ取るべき教訓を学び、それをもって国民、国家の進むべき道を誤りなきように導かねばならない。政治家は歴史の法廷に立つ。その決断の重さの自覚無くして国家の指導者たり得ない」[21]

保阪は、中曽根特有の現実主義や風を読む力の原点も、戦争体験にあったと推測する。

「戦争を体験することで非戦の考えを持った人物が戦後の日本社会で身を処すときに、マルキシズムに影響されて革新政党に入ったり、あるいはヒューマニスト・人道主義者として発言をする人が出てくるけれども、中曽根さんは『権力の中枢にいて発言していく』と自己規定していたと思いますね。中曽根さんの誠実さというのは、同時代の中で何かを残すよりも、歴史の中で名前が残ればいいと、長いレンジ〈範囲〉で考えていたことだと思います。それは、瞬間的な毀誉褒貶には踊らされてはならないという戦争体験から学んだことではないでしょうか」

そして保阪は、渡辺が中曽根と肝胆相照らす仲となったのは、戦争体験という共通項を基盤に、戦争の惨禍を繰り返さない覚悟と意志を共有していたからに他ならないと指摘する。

「渡辺さんが中曽根さんに対して強い興味を持つのは、死ぬしか道がないという時代に生きてきた政治家として、覚悟と見識を持っていると認めたからだと思います。渡辺さんと中曽根さんの関係は、単なる刎頸の友というのではない。それは戦争の体験を理解している同志なのだと。たまたま片方が新聞記者で片方が政治家と考えると、その関係に説明が付くと思います。渡辺さんが立脚している立場というのは、少し上の世代に対する哀惜・哀悼の念がある。そして同時に、愚かな行為を行った日本の支配層・指導者層の中に組み込まれているけれど、戦争体験を持っているが故に戦争の異常さを分かる人に、渡辺さんは目をつけていたんだと思いますね。だから渡辺さんが目をつけた政治家というのは、渡辺さんの世代の琴線に触れる何かを持っているんです」

〝大統領的首相〟

総理大臣となった中曽根は、「戦後政治の総決算」を標榜し、行財政改革を中心とする諸改革を推進していく。中曽根は後年その含意について、「吉田政治の是正」、「行財政改革の遂行」、「国際貢献に邁進するということ」の三点を挙げている。[22]

中曽根の政治手法は、ブレーンの活用によるトップダウンを特徴とする。こうした基本方針は、渡辺との勉強会の報告書にすでに明記されていたものだった（第七章参照）。中曽根の政権運営には、二〇年以上の時を経た報告書の内容をそのまま実践しているかと思われるほど、勉強会の成果が色濃く反映されていた。渡辺と中曽根が総理の座を見据え、一九五〇年代後半から行っていた勉強会の成果はここに具現化された。

　中曽根は勉強会の報告書にも記述されていた「トップ・マネージメントの強化」を地で行くかのように、総理大臣主導の政治手法を多用した。その実践の核となったのが、同じく報告書に明記されている「首相直属のブレイン・プール機関」だった。中曽根は政策テーマごとに多くの審議会や諮問機関などを設置し、ブレーン機関として積極的に活用したのだ。中曽根が活用した審議会や諮問機関は、「第二次臨時行政調査会」、「平和問題研究会」、「高度情報社会に関する懇談会」、「経済政策研究会」、「臨時教育審議会」、「国際協調のための経済構造調整研究会」、「文化と教育に関する懇談会」など、数多くに上った。

　こうした審議会や諮問機関のメンバーの中には、東芝会長や経団連会長を歴任し〝メザシの土光さん〟と親しまれた土光敏夫、陸軍作戦参謀出身でシベリア抑留を経て伊藤忠商事会長に上り詰め〝昭和の参謀〟の異名をとった瀬島龍三、東京大学教授の佐藤誠三郎、京都大学教授の高坂正堯《こうさかまさたか》、学習院大学教授の香山《こうやま》健一、東京大学教授の公文俊平らがおり、彼らは中長期的な政策提言のみならず、眼前の政治判断を伴う課題においても、ブレーンとして中曽根を支えた。これらの審議会・諮問機関の答申や報告書、ブレーンからの助言を元に中曽根は、国鉄（現JRグループ各社）、電電公社（現NTTグループ）、専売公社（現JT）の三公社民営化、防衛費の対GNP比一％枠撤廃、教育改革、経済政策などの政策決定を行った。

「審議会政治」とも呼ばれた中曽根の政策形成手法は、各省庁の官僚の作成した素案をたたき台として、自民党内有力者や族議員、野党への根回しや調整を経て進められた従来型とは異なるものだった。自民党内や野党からは、党内論議のプロセスや国会審議を軽視するものだとの批判も出たが、中曽根はあくまで実質的に政治を動かすためには何が必要かという点を重視した。中曽根は直属のブレーン機関を活用することで、党内外の反対意見を押さえ込み、総理大臣としてトップダウン型のリーダーシップを発揮することに成功した。中曽根が「大統領的首相」と呼ばれる所以である。

中曽根は渡辺との勉強会の内容を自家薬籠中のものとするかのように、その成果を遺憾なく発揮していったのだ。御厨は中曽根の政治手法と渡辺の関わりについて、次のように指摘する。

「中曽根さんは官邸主導とまではいかないけれども、今日の流れにつながるような、官邸に権限を集中することを始めた最初の総理であることは間違いない。若き頃は、総理大臣公選論でしたしね。渡辺さんだって、大統領制論に近いアイデアがあったと思います。それまでの内閣がどこでつまずいているか、官邸が知らないうちに話が進んで壊れたりしたのを見ていますから。だから絶対に官邸に権力を集中してというのが、渡辺さんの頭の中にずっとあったと思います」

外交面において中曽根は、一方で日米関係の強化を図り、他方でアジア諸国との関係改善にも心を砕いた。中曽根内閣発足当時、日米関係、日韓関係ともに極めて悪化した状態にあった。アメリカでは、前任総理大臣の鈴木善幸が「日米同盟に軍事的側面はない」と発言したことへの反発が広がり、韓国とも「歴史教科書問題」で関係が悪化していた。中曽根は総理大臣としての最初の訪問国に韓国を選び、その直後にアメリカを訪問した。中曽根がどう両国との関係を修復しようとしていたのか、渡辺が目撃していた。

「韓国訪問のだいぶ前から、彼は韓国語の勉強をしていましたよ。韓国語の歌を、自分の家の風呂で大きな声で歌っていたんだ。それを韓国の政治家の前で歌うと決めて練習していた。それで実際に三分の一くらい韓国語を交えた演説をして、最後にはみんなのいる前で、韓国語の歌を歌った。そのとき聞いていた人たちの中に、国会議員含めて涙を流していた人もいた。それで韓国が非常に感激して、日韓関係が一挙に回復しちゃったわけだ」

中曽根は韓国での晩餐会で、韓国語を多く交えたスピーチを行った。晩餐会後も深夜まで中曽根と懇談した韓国大統領（当時）の全斗煥《チョン・ドゥファン》は「ナカソネさん、オレ、アンタニホレタヨ」と日本語で述べたという。[23] 中曽根の韓国訪問は、日本の総理大臣として初めてのものであった。

韓国訪問の後に訪れたアメリカとの課題は、鈴木前総理大臣の発言を契機に高まっていた対日不信感を払拭することだった。この点も踏まえて中曽根がレーガン大統領（当時）との会談で行ったのが、「不沈空母発言」だった。その舞台裏を渡辺が解説する。

「アメリカもウエルカムですよ。そこからレーガンとの関係を『ロン・ヤス関係』に持っていった。日米関係が悪かったのは、前の総理の鈴木善幸さんが『日米同盟には軍事的性格がない』と言ったからだ。だがこれは軍事同盟そのものなんだから。書いてあるの、そんなことは。それを『そうじゃない』と言ったから、アメリカは非常に日本に不信感を持つわけだ。それをぱっと直すわけだ。そのためにアメリカに行って、『不沈空母』発言もした。ただ彼は日本語で『不沈空母』と言ったんじゃなくて、通訳が勝手にそう訳したんだよ。『unsinkable aircraft carrier』とね。それにアメリカはびっくりしたけど、日本人はもっとびっくりした」

この会談をきっかけに、レーガンと中曽根は「ロン・ヤス関係」と呼ばれる親密な信頼関係を築き、日米関係の維持強化のための会談は任期中一二回にも及んだ。

一度だけの靖国神社公式参拝

「戦後政治の総決算」を掲げ、長期政権が視野に入り始めてきた中曽根。周辺国からの反発が懸念されながらも強い意欲を示したのが、靖国神社公式参拝だった。その理由として挙げていたのが、神社に祀られている自身の家族の存在だった。中曽根の弟の良介は海軍士官だったが、一九四五（昭和二〇）年二月、搭乗していた輸送機が悪天候によって墜落したことで戦死（事故死）を遂げ、靖国神社に祀られていたのだ。

渡辺は中曽根の遺族感情に理解を示しながらも、A級戦犯が合祀されている神社に政治指導者が参拝するのは問題だと考え、参拝を見合わせるよう助言していた。

「靖国神社の公式参拝には、行くべきじゃないと思ってますよ。だけど遺族もいるわけだ。戦犯だけが祀られているわけじゃない。A級戦犯なんていうのは、何人もいない。彼の弟さんも祀られているからね。彼は最初から『俺の弟が靖国神社に祀られているから、弟のために祈りに行く』と言ってたね。彼は靖国にあまりこだわっていないんですよ。東條英機をはじめA級戦犯に対しては、彼は否定的ですからね」

靖国神社にA級戦犯が合祀されたのは、一九七八（昭和五三）年のことだった。それまでは昭和天皇も靖国神社への参拝を行っていたが、この合祀以降、参拝を取りやめていた。二〇〇六（平成一八）年、その理由を示唆する資料が発見された。合祀当時に宮内庁長官を務めていた富田朝彦のメモである。一九八八（昭和六三）年四月二八日付のメモには昭和天皇の発言として、「親の心子知らずと思っている　だから私〔は〕あれ以来参拝していない　それが私の心だ」などと記され、A級戦犯合祀への不快感が示されているとされる。昭和天皇は戦後、靖国神社を八回参拝しているが、一九七五（昭和五〇）年を最後に、合祀後一度も参拝することはなかった。

靖国神社参拝の根本的な問題は、加害者性のある戦争責任を持つ人間と、被害者性のある一般の戦死者が共に祀られていることにあると考えていた渡辺。後にA級戦犯を分祀することを具体的に中曽根に建言し、実際に中曽根もその方向で動いていたと明かした。

「僕はA級戦犯の名前、名札を取れと。別に靖国神社にお骨があるわけでも何でもない、名前を書いた名簿が、靖国神社の神前にあるというだけだ。それを外して乃木神社とか東郷神社みたいな神社へ持っていったらどうかと言った。そうすれば靖国神社に公然と参拝できるから、堂々と参拝したらいい。ところが間に合わなかったんだな、手続上、名簿を外すというようなことはね。中曽根さんは瀬島龍三さんに頼んで、合祀されている遺族の了承を取ったが、様々な反対で結局実現しなかった」

中曽根は一九八五（昭和六〇）年の八月一五日（終戦の日）、戦後の総理大臣として初めて、靖国神社の公式参拝を行った。戦後の歴代総理大臣の多くが靖国神社には毎年のように参拝していたが、一様に「私的参拝」もしくは「公私の別に言及しない形での参拝」としており、[24]「公式参拝」の形をとったのは初めてだった。

公式参拝が可能かどうかの検討にも、中曽根は諮問機関を活用した。官房長官の私的諮問機関として設置された「閣僚の靖国神社参拝問題に関する懇談会」（靖国懇）である。憲法の「政教分離」の解釈をめぐって議論が割れる中、懇談会は「政教分離原則に抵触しない何らかの方式による公式参拝の途《みち》があり得る」との報告書を提出した。終戦の日の直前の八月九日のことだった。これを受け六日後の終戦の日に、中曽根は靖国神社公式参拝に踏み切ったのだ。参拝で中曽根は政教分離の立場から、お祓いや玉串奉奠《ほうてん》など神道式の儀式はせず一礼するだけにとどめたものの、公用車で神社に赴き、拝殿で「内閣総理大臣中曽根康弘」と記帳し、国費から供花代三万円を支出した。参拝後、中曽根は「内閣総理大臣の資格で参拝した。いわゆる公式参拝である」と明言した。

この中曽根の公式参拝に対し、中国・韓国など周辺諸国は、「アジア民族の感情を傷つけ、日本に対する警戒心が呼び起こされている」と激しく反発した。一方で中曽根はこれ以後、靖国神社への公式参拝を繰り返すことはなかった。その理由は、個人的な信頼関係を深めていた中国共産党総書記の胡耀邦《こようほう》との関係に配慮したことが理由だと、渡辺が明かした。

「中国共産党総書記の胡耀邦が危なくなった。『胡耀邦さんよ、あんたの親しい日本の総理大臣は靖国に行ったじゃないか。軍国主義者が祀られている、東條英機が祀られている神社に行って礼拝してるよ』と。中曽根は『胡耀邦を倒しちゃいかん』と。というのは、彼が一番仲よかったのが胡耀邦なの。胡耀邦の政治的立場を危うくしちゃいかんから、靖国行くのは一回でやめたわけだ」

渡辺の証言を裏付ける史料が残されていた。中曽根の靖国神社公式参拝の翌年、前経団連会長の稲山嘉寛《よしひろ》らの訪中代表団が、官邸の後藤田正晴官房長官に宛てた報告書だ。国会図書館に保管されている一群の中曽根康弘文書の中に、その報告書があった。そこには、稲山らが現地で面会した胡耀邦側近とみられる人物が、靖国神社参拝問題について述べた見解が手書きで綴られていた。

「重要なことはほかでもなく、そこ〈靖国神社〉に戦犯が祭ってあることである。戦犯がいなければなにも問題はない。戦犯を祭ってある以上、これは一国の内政問題ではなくなり、一国の首脳が公式に世界公認の戦犯を参拝するならば、必ず全世界の関心をひく。（中略）みなは彼らが今なお戦犯をしのび、その行為を賛美しているという印象を受けるであろう。（中略）

一昨年は行き、昨年はいかず、今年はまた行くとなると、そのイメージは大変悪くなり、一昨年の時よりさらに強烈な反応が出てくるであろう。そうなると、総書記〔胡耀邦〕と言えども、何にも言うことはできず、私〔胡耀邦側近か〕も大変困った立場に立つことになろう」[25]

中曽根は二〇一二（平成二四）年に行われたＮＨＫのインタビューで、当時の判断を次のように述べている。

「相手の国情、国民感情、あるいは政治的状況の判断、そういうものは日本の総理大臣や政治家としては非常に重要なものがあると。それについては、現地の情勢、あるいは日本から直接使いを出して現地の情勢やら反応を確かめておくと。で、日本の総理大臣の行動というものが惑わないように、また、間違わないように、ちゃんとした反省と自覚を持ってやっておると。総理大臣という立場になれば、これはもう周囲全般に対して目を配ってやらなきゃいけない」

しかし、その後胡耀邦は、中国国内で厳しい立場に置かれることとなる。自身が推進していた改革路線への反発や中国共産党内の権力闘争も相まって、一九八七（昭和六二）年に総書記を解任され、その二年後、失意の中で死去する。この胡耀邦の追悼に端を発した言論の自由や政治の民主化を求める学生らの運動を人民解放軍が鎮圧した事件が、中国現代史の転機となった天安門事件である。

一橋大学教授の中北浩爾は、保守論客としての主張と、靖国神社参拝反対などリベラルな主張が同居する渡辺の思想は、合理的で穏健な保守といえるのではないかと指摘する。

「あまり渡辺さんの中では矛盾はないのではないでしょうか。戦争や戦前への回帰には警戒的で、国家やそれを支える愛国心は必要だけれども、それが超国家主義へと暴走することには反対するという考え方に思えます。特に渡辺さんの場合は、強烈な戦争体験ゆえに、右翼的なものに対する嫌悪感は強かったのではないでしょうか。そこには保守らしいバランス感覚を感じます」

加えて中北は、中曽根が「楕円の哲学」などリベラルな政治姿勢で知られた大平正芳のブレーンの多くを引き継いだ点に着目し、そのことが右派として知られた中曽根を穏健化させたと指摘する。[26]「中庸の政治的感覚」の重要性を説く香山健一らブレーンの進言に呼応するかのように、靖国神社公式参拝の二年後、中曽根は靖国参拝にも触れた上で次のように述べている。

「右バネがはね上がってはならぬ、左の過激派が跳梁《ちょうりょう》してはならぬ、われわれは中庸の道を行く」[27]

メディアと権力の距離は

渡辺と中曽根の蜜月ぶりを象徴する出来事となったのが、一九八六（昭和六一）年七月に行われた「死んだふり解散」と呼ばれる衆参同日選挙だった。

最高裁判所が一票の格差をめぐる衆議院議員定数の不均衡に対して違憲判決を出したことを受け、この年の五月に公職選挙法の改正案が成立し、衆議院の定数是正が決定していた。党総裁の任期切れを一〇月に控えていた中曽根は、実施が迫っていた参議院選挙と同日に衆議院選挙を行う可能性を模索していた。同日選挙に勝利することで、党勢回復と総裁任期延長に繫げたいと考えていたためだ。しかし、是正後の衆議院定数について三〇日の周知期間が必要とされていたことから、衆参同日選挙を行うことは困難と見られていた。

この時、早期解散を可能とする理論を構築し、間近に迫っていた参議院選挙との同日選挙への道筋を付けた一人が、渡辺だった。渡辺は同日選挙をめぐる中曽根の判断に、深く関与していた。

「公選法改正案の成立、それの公布、三〇日間の周知期間、臨時国会の召集（衆院解散）

日、総選挙の公示日、投票日の日程表をつくり、公選法や国会法の規定から入念に検討すると、同日選挙ができる日があるんだよ。

だけど最後まで問題になったのは、官報掲載問題だ。官報に衆院選挙区の定数が変わり、所によっては区割りも変更になった改正公選法が掲載され、三〇日間の周知期間を経て総選挙が公示されないといけないんだ。これについて調べると過去の最高裁の判例で大蔵省印刷局官報課と、東京都官報販売所一軒にでも置けばいいんだよ。その時点で官報で公布したことになる。それは僕が発見したんだけれど、実際解散のときは、官報は全国各地で相当程度配ることができたはずだ。だけど、最悪の場合は、そこに置くだけですませてしまおうと、時間刻みの計算までしたんだよ。こうして僕は、調べつくした建白書を中曽根さんに持って行って、『死んだふり、寝たふりしなきゃダメですよ』と言ったんだ[28]」

「あの時に僕は公邸に行って中曽根と二人だけで話して、『死んだふり解散をしろ』と言った。それで、何月何日なら合法的にできると。あのときに公職選挙法の改正だとか色々あって、有効な期限、ここまでにやらないと、やれなくなっちゃうとか、いろんな計算があったんだ。それを持っていったの」

渡辺の理論構築と進言もあり、中曽根は「死んだふり解散」と呼ばれる衆参同日選挙に打って出た。選挙の結果、自民党は衆参共に空前の大勝利をおさめた。とりわけ衆議院での自民党の獲得議席数は三〇〇議席（追加公認を含めると三〇四議席）と結党以来最高を記録した。この実績から中曽根は、当時は最長で二期四年だった総裁任期の一年延長を認められることとなる。中曽根は、渡辺と共に蓄積してきた理念と政策をもとに、「大統領型」とも呼ばれる独自の政治手法を駆使し、当時戦後三番目となる五年にも及ぶ長期政権を築いたのだ。

異例の長期に及んだ中曽根政権を、渡辺は盟友として陰に陽に支え続けた。メディアと権力の距離感について、渡辺はどう捉えているのか。問いをぶつけた。

――渡辺さん御自身も、中曽根さんが権力の階段を上っていく過程で、読売新聞社の中でも影響力を増していかれました。だけれども一方で、ジャーナリズムの役割として、批判すべきは批判しなければいけないというところがあると思うんです。読売は中曽根さんと一体ではないかという声も、いろいろ聞かれたと思いますけれども、それについては……

「いや、だって外交政策は一致だし、行政改革も彼が実行しちゃったんだから、国鉄や電電公社の民営化をやったのは、すごいことなんですよ。ほかの人はやらなかったんだ。口では言っても、実際にはやらなかった。彼は現実にやったからね。やっぱり五年も任期を持ててよかったんだね。

日米関係が悪かったし、日韓関係は断絶状態だった。それを総理大臣になって、一挙に解決したからね、あれはすごいですよ。それで同じようにいろんな国に手を出して。中曽根外交というのは、歴史に残るんですよ」

中曽根政権期を通じて、渡辺が駆け出しの記者時代から分析を続けてきた派閥をめぐる状況も大きく変化していった。一九五〇年代後半の「八個師団」、一九七〇年代以降の「三角大福中」と呼ばれた五大派閥の激しい抗争の時代から、派閥間の関係は「総主流派体制」へと変貌していった。長年の党内での骨肉相食む政争を目の当たりにしていた「安竹宮」「ニューリーダー」と呼ばれた安倍晋太郎、竹下登、宮澤喜一らのポスト中曽根世代の派閥領袖たちは、中曽根の裁定による後継指名を受け入れ、激しい派閥抗争を行うことはなかった。そしてこの後、平成初頭の小選挙区制導入に伴って、党執行部に候補者公認権や政党交付金の配分権などが集約されるようになり、派閥はその力を衰退させていった。

中曽根の後継総理となった竹下登政権期に、六四年間続いた昭和の時代は終わりを告げた。渡辺は中曽根が権力の絶頂期にあった一九八五（昭和六〇）年に専務取締役主筆となり、社論の最高責任者となった。そして中曽根が総理大臣の職を全うした四年後の一九九一（平成三）年、読売新聞社の代表取締役社長の座に就き、名実ともに世界最大の発行部数を誇る新聞社の頂点に立った。

終章

喪失されゆく〝共通基盤〟

「戦争を知らせないといかん」

自らを「戦争体験者の最後の世代に属する」[1]と語る渡辺は、戦争の記憶が社会の中で薄れゆくことに強い危機感を持っている。二〇〇五(平成一七)年には、一年間にわたって戦争責任を問う「検証 戦争責任」の連載を自ら主導した。この大型連載では二〇回を超える特集記事が紙面に掲載され、満州事変から日中戦争、そして太平洋戦争に至る経過や原因の分析が行われた。さらには当時の政治・軍事指導者たちの責任の所在についても検証された。

渡辺はこの連載を主導した理由について、日本人自身による戦争責任の検証は少なくとも国や公的機関では行われておらず、日本人が自らの手で戦争の責任をどう認識するかの材料を提供するためであると、連載を再録した書籍の中で述べている。[2]インタビューでも、戦争について語り伝える使命感と焦燥感を語った。

「戦争責任の検証を連載までしたのは、若い人たちに、戦争を知らなかった人たちに、戦争を知らせないといかん、戦争犯罪、戦争責任は何か、このキャンペーンをやんなきゃ進まんというのが僕の気持ちだから。まあヒラ社員のときはできないわね。編集の実権握ってから『やれ』と言って、遅ればせながらやったと。もうみんな知らないんだから。戦争犯罪も知らない人が多いんだから、記者にも」

——自ら戦争を知る世代のジャーナリストとして、それが薄れていくことに楔を打たなければならないという使命感は、ずっとお持ちでいらっしゃった。

「もちろん。もはや日本人にね、戦争経験を持たない人のほうが多い。戦争のことはね、書き残していかないといかんのだよ。しゃべり残し、書き残し。まだね、まだ伝え切れていない。だからちゃんと伝えないといかん。だから伝えている。僕はそのつもりだ」

その上で、戦争で人々が塗炭の苦しみを味わった昭和の悲惨さと、平和を享受した平成という時代を対比して語った。

「昭和といったらね、いいこと一つもないね。戦争をおっ始め、負けた。平成の三〇年は戦争一度も起きなかった。今こんないい国になってるんだから。いい国ですよ、戦後の、平成の日本は三〇年間」

渡辺は戦争と歴史認識の問題について、具体的な提言を行っている。靖国神社参拝問題については、「侵略した加害国と侵略された被害国の政治的なシンボル」となっているとして、A級戦犯の分祀がなされない限り政治的権力者は公式参拝すべきでないと述べている。その上で、日本政府は歴史認識として戦争の非を認めた上で、加害者と被害者の分別を概念的に確定し、歴史認識についての道徳的基準を義務教育の教科書に記述し、国際政治的にこの問題に終止符を打つべきと主張する。一方で諸外国に対しても、アメリカによる空襲や原子爆弾による民間人の大量殺害、中国が国共内戦や文化大革命で多くの自国民を殺傷したとされること、ソ連による終戦期の日本侵攻やシベリア抑留についての歴史認識などについて、問題提起を行っている。[3・4]

激減する戦争体験世代

これまでの渡辺の証言から浮かび上がってきたのは、戦後政治を主導した政治家と市井の人々が共通して持っていた戦争体験と、その体験を元にした戦争への認識を基盤に、戦後日本が形成されていったという側面である。昭和期は、政治家の多くが戦争体験を持ち、戦争を忌避する感情は、立場は違えど保守陣営、革新陣営に共通するものがあった。

しかし終戦から七七年が経過した現在、戦争の記憶は社会の中で薄れつつある。戦後生まれの割合は日本の総人口の八六%[5]に上り、戦争体験を持たない人々の割合が圧倒的多数となっているのだ。終戦時に一八歳以上だった明治・大正生まれの世代に至っては、人口の〇・五％に過ぎない。

さらに私が調べていて驚愕したのは、戦争の時代を経験した国会議員の割合が、平成期にかけて劇的に変化していることだ。『国会議員要覧』に記載されている全国会議員の生年月日を確認・集計してみると、その変化は数値に歴然と現れていた。

一九八九（平成元）年には、戦前生まれの政治家の割合は衆参合わせて七四八人のうち七一〇人、実に九五％に上っていた。[6]当時の最年長議員は、一九〇二（明治三五）年生まれで、かつて大野伴睦派に属し自治大臣や衆議院議長を歴任した福田一（当時八七歳）だった。明治生まれの議員ですら、一九〇五（明治三八）年生まれで内閣官房長官や防衛庁長官を歴任した赤城宗徳（当時八四歳）、一九〇四（明治三七）年生まれで総理大臣を務めた福田赳夫（当時八四歳）ら三〇人を数え、四％を占めていた。戦争の最前線に立たされてきた大正生まれの世代も、二六五人と三五％に上った。これに対して戦後生まれの政治家の割合は、わずか三八人、五％であった。ちなみに最年少は一九五七（昭和三二）年生まれの石破茂（当時三二歳、一期目）だった。

これが平成中盤の二〇〇三（平成一五）年には、戦後生まれの割合は四八％と、戦前生まれの割合と拮抗してくる。[7]

さらに二〇二二（令和四）年となると、戦前生まれの政治家の割合は衆参合わせて七一二人のうち一四人とわずか二％弱となり、戦後生まれの政治家の割合は実に九八％に上っている。[8] 終戦時に五歳以上とある程度の記憶があったと思われる議員に限ると、一九三九(昭和一四)年生まれの元自民党幹事長の二階俊博一人しか存在しない。[9] 平成生まれの議員ですら二人誕生している。

平成期の三〇年あまりで、戦前生まれの政治家の割合は、九五%から二%へと釣瓶落としのように激減し、ほぼ雲散霧消してしまったのである。まさに平成期が、戦争経験を持つ戦前生まれの世代と、戦争経験を持たない戦後生まれの世代が、国政の現場で入れ替わる転換期となっていたことを読み取ることができるだろう。

「共通基盤」なき時代へ

時間の経過によって、否応なく戦争体験から遠ざかっていく日本社会。渡辺と戦後政治についての考察を聞かせてくれた専門家は、戦後の日本人が共有してきた大切な価値観まで薄らいでいくことはあってはならないと指摘する。

作家の保阪正康は、戦争体験によって、戦後の時代と人物が形成されていったとして、渡辺と中曽根の現実主義的思考様式を評価する。

「戦争体験が人を作っていった時代が、戦後の日本だと思います。渡辺さんも戦争体験の中でつくられた一人の人間です。戦後日本が戦争をしないという意思を持って、その意思自体が政治的立場にかかわらず、国家の一つの柱になっていたのは、彼らがいたからです。しかし渡辺さんに象徴されていた戦後という時代が、今終わりつつあるということでしょう。この終わりつつあるものを次の時代がどういうふうに継承できるか、我々自身の能力と歴史に対する向き合い方が問われていると思いますね」

「私たちの国は、どうあれプラグマティック〈現実主義的〉にならなきゃいけないというのが、あの戦争から学んだ最大の教訓ですよ。現実の中で物を考え、分析するということが必要なのに、軍人たちはある種の神話や虚構の世界に入り込んで、あの戦争を進めた。あの戦争が虚構の産物だったっていうことを、私たちは戦後の歴史の中で実証していかなきゃいけない。だけど実証をしていく前に、実は渡辺さんや中曽根さんたちはやっているんです。『プラグマティックに物を考えなきゃ駄目なんだ』ということを。それを支えているものは何かと言ったら、彼らが共通して持っている戦争体験です。あの世代は、戦争体験を元にプラグマティックに物を考え、現実的に物事を処理してきた。

だけど今の政治は、プラグマティックだけでやって、支えになる思想や背景を固めていないから、糸の切れた凧のようにフラフラしているのではないかと思います。そうならないようにするためには、私たちは根っこを作っていかなければならない。もう一度、戦争体験を持つ政治家たちが語った言葉を、根っこにしていく努力をすべきだと思います」

東京大学名誉教授の御厨貴は、戦争体験が戦後日本社会の「共通基盤」となっていたとして、それが失われつつあることが、政治の議論の幅を狭めていると指摘する。

「戦争体験を持つ政治家たちが、戦後政治を担ったことの意味は大きいです。戦後日本が、括弧付きかもしれませんが平和主義を歩んで、保守の自民党でさえ憲法改正を事実上は凍結してしまったこと、そういうことに全部表れていると思いますね。

戦争体験を持っている人にとっては、色々なことが言えたわけですよ。戦争体験から皆が話をしたときには、生活も入れれば、文化も入れれば、そのときの『嫌だったな』という感情も入れれば、物すごく議論そのものが豊かになるんですよ。

ところが、今や戦争体験を持つ人がほとんどいない。戦争というものを抽象的にしか捉えられない、あるいは論理的なゲームの段階でしか捉えられない。そういう人たちがどんどん増えてくる。だから戦争を経験しない世代の中から、日本の戦争を肯定するような議論が、論理の問題としては出てくるんです。かつては戦争を語るときに、体験に基づいたある種の感情や具体的な場面というものが力を持ちましたが、今やそれがない。だから、戦争体験という共通の体験がなくなることが、政治の議論を狭くしていることは間違いない」

「政治の議論というのは、基盤になるものが広くないと駄目なのです。だけどそれがどんどんなくなって、政治家にも官僚にもないということで、現在の行き詰まりのような現象が起きていると思いますね。だから、渡辺さんが常に戦争のことについて振り返るというのは、今や稀有だけど、大事な姿勢なのです。

これからの日本は、ものを語っていく上で大変ですよ。戦争に代わるものとして何を、皆が知っている土俵の中で議論をやっていくのか、その共通のベースがない。だんだん歴史というものが、日本人の頭の中から希薄化してきている。それをもう一遍きちんと整理することが大事です」

戦争体験は、戦後日本に生きる人々の基盤となってきただけでなく、戦後保革の論議、とりわけ革新勢力の理念の源流となってきた。社会党職員として政策立案に携わり、戦後の労働運動にも深く関わった日本女子大学名誉教授の高木郁朗[10]は、戦後革新の思想的背景には、平和への希求と貧困からの脱却という、戦争を原体験として多くの人々が持っていた二つの願望の存在があったと指摘する。[11]保守勢力はこうした革新勢力の主張に対抗する一方で、「経済優先・軽武装」路線など通底する部分も持ちながら、五五年体制下の政治は展開していった。こうした状況に対しては「戦争体験に議論の枠が規定され、保革論議が硬直化した」、「戦争との距離感によってしか理念を打ち出し得なかった戦後日本のある種の限界を示している」との声もある。

渡辺は保守論客として、こうした指摘を誰よりも知悉《ちしつ》していたであろう。それでもなお渡辺が戦争の悲惨さを繰り返し訴え続けたことは、特筆すべきことであるように思える。

戦争の惨禍は、イデオロギー的なことを超えて何にも増して避けなければならないものと渡辺には映っていたのかもしれない。

一橋大学教授の中北浩爾は、「強烈な体験」を人々がどう引き受けるのかは極めて重い命題であり、理論だけに矮小化されるべきでない「集合的記憶」として重要であると指摘する。

「私は多くの人々が共有した強烈な体験をどう引き受けるかは非常に重要な問題だと思っています。日本人にとっては、戦争体験がまさにそうしたものでした。いつまで戦争体験に縛られているのかとか、それが議論の枠を狭くしているとか否定的に語るのは簡単でしょうが、我々の社会が過去の歴史の積み重ねの上に成り立ち、そこからしか教訓を得られないことを考えると、あまりにも近視眼的で狭い見方です。

先の戦争では、多くの人々が傷つき、亡くなりました。飢えたり、抑圧されたりと、そうした体験が全部つながって、非常に苦しかった時代として記憶されているわけです。戦争に対する嫌悪感は国民の間に沁み込んでいて、革新だけでなく保守の人々にも多くが共有されていました。戦争を避けて平和を続けたい、経済を立て直して豊かになりたいという欲求は、保守にも革新にも共有されていたのです。それが池田内閣による所得倍増計画にもつながります。日本国憲法には欠陥も少なくありませんが、戦前を否定し、平和と民主主義という戦後的価値を体現するものとして、多くの国民に受け入れられ、定着してきました。戦争体験がもたらした意味を過小評価すべきではないと思います」

原点が記された学生時代の手記

読売新聞社への入社前、学生時代の渡辺が、編集に携わっていた論壇誌に寄せた文章がある。そこには、戦争体験を視座として戦後日本を見つめてきた渡辺を象徴するかのような言葉が綴られていた。

「我々の青春に治癒し難き傷痕を留めた陰惨な戦争体験が、我々に他人の頭で考へるのでなく自己の心臓を以て現実に挑み、自らの内なる権威の命ずるところに従って行動しようとする覚悟を与へたのである[12]」

「一切の怯惰《きょうだ》と訣別して、平和への強固な意志に貫かれた強靱な知性に武装されねばならないであらう[13]」

渡辺が自らの戦争体験を反芻し、戦後どう生きていくべきかを綴ったこの文章は、戦争を体験した世代が共通して持っていた社会の痛みへの想像力に通底しているように思える。

戦後の日本社会において、戦争という体験は社会のあらゆる階層を結び、政治の現場でもいわば「安全弁」として機能していた。日本人の共通基盤としての戦争体験が失われていく中で、社会を結び直すものがあるとすれば何か。私たちは問い続けていかなければならない。

昭和の目撃者　渡辺恒雄

渡辺が政界の最前線で表も裏も目の当たりにしてきた昭和という激動の時代。昭和編のインタビューを終え、私は戦後史における渡辺恒雄という人物の特質を以下の三点に見出し、渡辺の言葉に耳を傾ける意義を改めて感じた。

第一に、渡辺は「戦争との距離感」の中で動いてきた戦後政治を最も間近で見てきた取材者であり、また自身もその体現者であるという点である。吉田茂以降のほとんどの歴代総理大臣と昵懇の間柄だった渡辺は、それぞれの総理大臣の持つ戦争体験と、その距離感の中で、戦後政治が形成されていく過程を目撃していた。そして自身も陸軍二等兵として召集された戦争体験を持ち、現実的に「日本の平和に資するか否か」を判断の尺度として、記者人生を歩んでいった。

第二に、渡辺の記者人生そのものが、良きにつけ悪しきにつけ戦後の政治家と政治記者の関係を象徴するものであるという点だ。渡辺の八面六臂の行動は、政治の「客体」と「主体」の曖昧模糊とした線引きの中で、政治家と常に伴走してきた戦後の政治記者像を体現している。その一方で、渡辺と多くの政治記者を分かつのは、「〝乱〟を好み〝論〟を張り、政治への〝手入れ〟を怠らない」[14]という、権力への意志、書くという行為、政治への関与が三位一体となった特異性である。御厨も第三章で指摘しているように、分析力と行動力と筆力を兼ね備え、なおかつ社内の権力闘争を勝ち抜いてきたという点で、渡辺は昭和の政治記者の中における成功例の極致と言えるのかもしれない。

第三に、人間感情に突き動かされてきた戦後政治を誰よりも知悉するメディア人であるという点だ。政策論と権力闘争が渾然一体となりながら、最後は好悪や怨念、嫉妬、コンプレックスなどの人間感情が物を言う政治の姿を、渡辺は今回の証言でも語り尽くした。その言葉は、戦後政治がどのように形作られていったのか、ありのままの内実を私たちに突きつけてくる。

渡辺が数え年を同じくした「昭和」という時代は、一九八九年、六四年で終焉する。そして新たに「平成」の時代が幕を開ける。戦後日本が「所与」としてきた東西冷戦、五五年体制、右肩上がりの経済成長の崩壊過程と共に始まった平成という時代は、まさに激動の三一年であった。この激動の時代に渡辺は、昭和の時代以上に「当事者」として、時代の動きに深く関わっていった。一九九一（平成三）年に読売新聞社の社長となった渡辺は、その絶大な影響力を背景に、数々の連立劇を中心とした政治の転換点で、自ら政局を動かしていく。そして、球界の盟主・読売巨人軍オーナーというもう一つの顔を新たに持つようになる。時に物議を醸すこともあったその言動で、渡辺の強烈なイメージは人口に膾炙《かいしゃ》していった。

上り坂をひた走った昭和の時代から、あらゆるシステムや価値観が揺らぐことになった平成という時代で、渡辺は何を考え、どう動いたのか。続きは別途巻を改め「平成編」として描いていきたい。

あとがき

渡辺恒雄氏へのロングインタビューは、足かけ三年、合計八回にも及んだ。コロナ禍で中止もやむなしと思われた時期もあったが、中断を挟みながらも完遂することができた。その証言を元に、合計三本（昭和編、戦争編、平成編）の長尺番組を制作する得難い機会と、内容を書籍化する僥倖に恵まれ、感無量の思いである。

振り返れば、渡辺恒雄氏という稀代のメディア人の実像に迫りたいという思いは、私自身の中でずっと温め続けていたものであった。一九八〇（昭和五五）年生まれの私は、渡辺氏とは五四歳と孫世代ほどの年齢差がある。中高生時代、巨人軍オーナーや横綱審議委員などとしてテレビに映る渡辺氏の姿を時折目にしていたが、「メディアのドン」というイメージ以上の認識は持ち合わせていなかった。その認識が変化したのは、大学生になってからのことだった。渡辺氏についての評伝や回顧録を読む機会があり、その型破りのスケールと、〝巨魁〟とでも形容すべき妖しい魅力に惹かれた。いつしか私は、渡辺氏に強い関心を抱くようになっていた。

ＮＨＫに入局した私は、報道局政治番組や社会番組部、大型企画開発センターのディレクターとして、目下の政局や政策についての番組に加え、戦後日本の政治を歴史的視点で描く番組を数多く制作する機会に恵まれた。その過程で、戦後政治の表も裏も知り尽くし、終戦直後からの政治の激動を最前線で見続けてきたのは、現在では渡辺氏しかいないのではと考えるようになっていた。時に物議を醸すこともある言動や主張の是非は別として、渡辺氏の視点を通じて、戦後日本の別断面を照射してみたいとの思いを募らせた。

私は渡辺氏へのロングインタビューを軸に、戦後政治の形成を繙《ひもと》く番組を実現すべく、手探りで動き始めた。はじめに、渡辺氏をよく知るであろう関係者や、読売新聞社内で渡辺氏と近い間柄にあった複数の人物に相談を持ちかけた。彼らは渡辺氏の人となりやエピソードについては饒舌に語るものの、いざ具体的なインタビュー交渉への協力を打診すると、一様に困惑の表情を浮かべて口を濁した。中にはある種の怯えすら漂わせる人物もいた。その場に存在しないにもかかわらず、人々に畏怖の念を抱かせる圧倒的な影響力に、私はますます興味をそそられた。残された手段は「正面突破」しかなかった。そして読売新聞社の広報窓口を通じ、断続的に二年近く交渉を続けた結果、映像メディアとしては初のロングインタビューに応じていただけることとなった。

ご高齢かつ多用の身をおして、何度もインタビューに応じていただいた渡辺恒雄氏には、深く感謝を申し上げたい。大正、昭和、平成、令和と幾星霜の激動を生き抜いてきた渡辺氏の証言の迫力には、毎回圧倒させられるばかりであった。渡辺氏の発した数々の言葉は、今も私の耳朶《じだ》に残っている。「昭和編」放送後に管理職となったため、期せずして渡辺氏の番組が、私が現場ディレクターとして制作するであろう最後の番組となった。戦後史や政治分野の番組をライフワークとしてきた私にとって、自らの集大成となるかのような番組を渡辺氏の胸を借りて制作できたことは、無上の喜びであった。また読売新聞グループ本社広報部、秘書部の皆様には、様々なご調整とひとかたならぬご協力をいただいた。

そして、渡辺氏のインタビュアーを務めていただいた大越健介氏なくして、今回の番組は成立しなかった。渡辺氏と正面から向き合い、当意即妙に様々な角度から話を引き出していただいた。大越氏と内容を議論し、時にかつて取材した大物政治家のエピソードをお聞きする制作過程はこの上なく楽しく、今後の糧となる時間であった。奇しくも「平成編」の放送が、大越氏のＮＨＫでの最後の仕事となった。その仕事をご一緒できたことを光栄に思っている。

東京大学の御厨貴名誉教授には、取材やインタビューで幾度となく貴重な知見を提示していただいた。渡辺氏へのインタビューは、御厨氏が同氏に対して行ったオーラルヒストリーの先行研究に負うところが非常に大きかった。改めて御礼を申し上げたい。このほか、多くの学識経験者の方々や取材対象者の方々には貴重なお話をお聞かせいただき、感謝に堪えない。

またＮＨＫ内で番組実現に尽力いただいた大型企画開発センターの高山仁統括プロデュ

ーサー（現報道局社会番組部長）、制作統括として常に的確な指示と豊かな発想をいただいた三村忠史チーフ・プロデューサー（現プロジェクトセンター 報道系NHKスペシャル統括）、多彩で重厚な映像表現を追求していただいた山﨑章由カメラマン、益田雅也照明マン、膨大な編集素材と向き合い映像を紡いでくれた金田一成編集マン、魅力的なナレーションで音声表現をいただいたNHKの大先輩の加賀美幸子氏には深く感謝を申し上げたい。新潮社企画編集部の松本太郎氏には、番組放送直後から書籍化のお声掛けをいただき、執筆過程で多大なるご助力をいただいた。

本書および番組では第一に、渡辺氏の証言を入り口として、戦後政治がどのように形作られ、現在に何をもたらしているのかに迫りたいと考えた。「戦後」という言葉は、「民主主義」などの言葉と同じく非常に多義的で論争的な概念である。終戦後の時代という形式的な時間軸としての意味にとどまらず、その捉え方によって実に多様な含意を持つ。例えば現行憲法下の体制、五五年体制下での自民党一党優位の政治体制、[1] 占領改革＋α（逆コース）の「戦後改革」によって作り出された体制、[2] 沖縄返還に至るまでの日本が他国の統治下にあった体制、日米の非対称システム下の体制、[3] 憲法下で専守防衛に徹した安全保障の体制としてなど、「戦後」という言葉は、実に多くの視点や切り口から捉え直すことができる概念である。「戦後」はすでに終わったのか、未だに続いているのか、見方も様々である。ただいずれも基点となっているのは、戦争の帰結としての終戦である。その意味で、先の戦争が現在にもたらしている影響の大きさには慄然とさせられる。終戦から七七年、私たち日本人は人の寿命ほど長い「戦後」を経験し、また他国に類を見ないほど「戦後」を意識し続ける稀有な国に生きている。「戦後とは何か」というテーマは、私の手に余る途方もなく遠大なテーマであるが、今後も戦後史、戦後政治の一端を捉えた番組の取材・制作を続けていきたい。

第二に通奏低音として描きたかったテーマは、戦争体験という共通基盤の上に戦後日本が形成されてきた側面と、その共通基盤を語り継いでいくことの意味である。陸軍二等兵として召集された経験を持つ渡辺氏は、戦争を後世に語り継ぐことに責任と熱意を持っていた。戦争の記憶が年々薄れゆく日本社会において戦争体験を語り継ぐことの重要性を、渡辺氏の言葉から再認識させられた。

私事で恐縮だが、すでに他界した私の祖父は、一九二一（大正一〇）年生まれで、田中角栄や中曽根康弘とほぼ同年代の大正生まれの世代だった。戦前に地元の埼玉で小さな商店を営んでいたが、二〇代前半で召集され兵役に就き、仙台陸軍予備士官学校を経て、陸軍中尉としてビルマなど東南アジア方面に従軍した。死と隣り合わせにあったという現地の軍隊生活や、兵站を顧みない精神主義への違和感などを何度も語っていた。祖父が戦死していれば、自分もこの世に存在し得なかったのだと子供心に感じたのをよく覚えている。祖父は私が中学生の頃から入院しがちとなり、私が社会人一年目に他界してしまったが、生前にもっと戦争についての話を聞いておけばよかったと悔やんでいる。

現在、戦前生まれの日本人の割合は一四％にまで低下している。京都教育大学の村上登司文名誉教授による戦争体験についての世代分類がある。戦前生まれで戦争を直接体験した第一世代、戦争体験者が親世代となる第二世代、戦争体験者が祖父母世代となる第三世代、そして戦争体験者が曽祖父母世代で祖父母も戦後生まれとなる第四世代という分類である。[4]渡辺氏は第一世代にあたり、私は第三世代、私の子どもたちは第四世代にあたる。第四世代は身近に戦争体験を持つ人がほとんどおらず、戦争の実体験を直接聞くことが困難となっている。戦争体験を持つ世代と日常的に接することができたのは、私たちが最後の世代である。次の世代に戦争をどう伝えていくのか、自分の問題としても考えていきたい。

最後に家族に感謝を伝えたい。妻の絵美はいつも明るく励ましてくれただけでなく、様々な面で執筆を支えてくれた。また小学生の息子の浩柾と娘の遥佳も、休日に行った本書執筆のための関連施設や史跡巡りに幾度となく付き合ってくれ、執筆を楽しいものとしてくれた。いつか成長した時、本書が自分たちの生きる時代がどういった歴史の上に成り立っているのかを考える一助になれば、父親としてもこれに勝る喜びはない。

新型コロナウイルスのパンデミックや、ロシアによるウクライナ侵攻で時代は転換期の中にある。日本政治においても、二〇二一（令和三）年秋の自民党総裁選挙の過程を通じて、渡辺氏も若き政治記者時代から関心を寄せてきた派閥の存在に改めて焦点が当てられた。岸田政権の誕生は、第二次安倍政権以降の清和会系政権から宏池会系政権への「疑似政権交代」であり、「官邸主導」から、「派閥復権」への転換点であるとの指摘もある。その後に日本を震撼させた安倍元首相銃撃事件や旧統一教会をめぐる問題により、自民党内の派閥力学や政策決定過程は大きく揺れ動いている。目まぐるしく変転する政治状況の中、渡辺氏が目の当たりにした時代から何が変わり、何が変わらずに存続していくのか。その本質に目を凝らし、耳を澄ませ、今後も取材していきたいとの思いを、いま新たにしている。

二〇二三年一月　安井浩一郎

註記

まえがき

1 二〇二二年五月四日にロシア外務省が発表。岸田総理大臣、林外務大臣をはじめ政府関係者など計六三人に対して、ロシアへの入国が無期限で禁止された。

2 二〇二〇年三月七日、NHK-BS1にて放送。NHKエンタープライズよりDVD化。

3 二〇二〇年八月九日、NHK総合にて放送。

序章

1 二〇二〇年の取材時、読売新聞ビルは大手町最大の高さ。その後二〇二一年六月に大手町二丁目の「TOKYO TORCH」内に、高さ二一二メートルの常盤橋タワーが竣工、二〇二七年には高さ三九〇メートルの「Torch Tower」が竣工予定。

2 朝倉敏夫『論説入門』中央公論新社、二〇一〇年、一〇九―一一〇頁。

3 渡辺恒雄『天運天職　戦後政治の裏面史、半生、巨人軍を明かす』光文社、一九九九年、一七頁。

4 渡辺前掲『天運天職』一七頁。

第一章

1 戦後は協和銀行、現在はりそな銀行。

2 渡辺恒雄『君命も受けざる所あり』日本経済新聞出版社、二〇〇七年、一六頁。

3 読売新聞、二〇一一年四月二六日付、朝刊三八面

4 氏家齊一郎『昭和という時代を生きて』岩波書店、二〇一二年、六四頁。

5 渡辺前掲『君命も受けざる所あり』三五頁。

6 渡辺前掲『君命も受けざる所あり』四五頁。

7 渡辺恒雄『わが人生記　青春・政治・野球・大病』中央公論新社、二〇〇五年、六三頁。
8 九一式十糎榴弾砲。一九三一年＝皇紀二五九一年に採用のため、「九一式」。
9 竹内昭、佐山二郎『日本の大砲』出版協同社、一九八六年、六〇―六三頁。
10 オーラルヒストリーの成果は、『渡辺恒雄回顧録』中央公論新社、二〇〇〇年にまとめられている。

第二章

1 渡辺恒雄「東大細胞解散に関する手記」『胎動』一九四八年四月号、文化書院、五一頁。
2 渡辺前掲「東大細胞解散に関する手記」五四頁。
3 中北浩爾『日本共産党』中央公論新社、二〇二二年、一四八頁。
4 作家・詩人としては「辻井喬」の筆名で活動。
5 一九四七年九月発生のカスリーン台風。関東地方の利根川流域において、死者一一〇〇人、家屋浸水三〇万戸以上などの甚大な被害をもたらした。
6 一九四七年二月一一日付の手記。渡辺恒雄、御厨貴、伊藤隆、飯尾潤『渡辺恒雄回顧録』中央公論新社、二〇〇七年、七〇五頁。
7 渡辺前掲『君命も受けざる所あり』六八頁。
8 日本共産党中央委員会教育宣伝部編『日本共産党決定報告集』人民科学社、一九四九年、六八頁。
9 C・シュミット著、田中浩、原田武雄訳『政治的なものの概念』未来社、一九七〇年。

第三章

1 一九二二―二〇一二年。東京大学文学部哲学科卒業。パリ大学、ヴュルツブルク大学講師、東京大学教授を経て、東京大学名誉教授。哲学美学比較研究国際センター所長、国際形而上学会会長などを歴任。
2 柳沼正治『日本共産党運動史 戦後篇』啓文閣、一九五三年、二九一頁。
3 土田国保「東京都下における所謂山村工作隊の概況」警察大学校編『警察学論集』一九五二年一〇月号、

立花書房、三九―四二頁。
4 佐木亘「或る青春の記録―山村工作隊に参加した頃―」『近代文学』一九五九年一月号、近代文学社、五二頁。
5 朴鐘石「我が青春の〝山村工作隊〟」『光射せ！』二〇一三年六月号、北朝鮮帰国者の生命と人権を守る会、一七三頁。
6 「〝首都革命〟の拠点を衝く現地報告　山嶽パルチザン本拠潜入記」『読売ウイークリー』一九五二年四月六日号、読売新聞社、二頁。
7 前掲「〝首都革命〟の拠点を衝く現地報告　山嶽パルチザン本拠潜入記」二頁。
8 高史明『闇を喰む Ⅱ 焦土』角川書店、二〇〇四年、九〇―九一頁。
9 高前掲『闇を喰む Ⅱ 焦土』九九頁。
10 高前掲『闇を喰む Ⅱ 焦土』九八頁。

第四章

1 石川真澄、山口二郎『戦後政治史 第三版』岩波書店、二〇一〇年、三一頁。
2 吉田茂『回想十年 第一巻』新潮社、一九五七年、四二頁。
3 吉田茂書翰、来栖三郎宛、一九四五年八月二七日付、国立国会図書館所蔵。
4 石川、山口前掲『戦後政治史 第三版』六二頁。
5 鳩山一郎『鳩山一郎回顧録』文藝春秋新社、一九五七年、一二頁。
6 鳩山前掲『鳩山一郎回顧録』一五頁。
7 鳩山前掲『鳩山一郎回顧録』一五―一六頁。
8 吉田の総裁退任後の自由党総裁は、緒方竹虎が務めた。
9 結党から四ヶ月の間は、鳩山一郎、緒方竹虎、三木武吉、大野伴睦の四名による総裁代行委員制がとられた。

10　渡辺恒雄「新聞記者としてみた先生の一面」『経済時代』一九六四年七月号、経済時代社、四六頁。
11　丹羽文生『評伝 大野伴睦―自民党を作った大衆政治家―』並木書房、二〇二一年、一七五頁。
12　辻寛一「始めの終り」『大野伴睦　小伝と追想記』大野伴睦先生追想録刊行会、一九七〇年、三四三頁。
13　楠精一郎『大政翼賛会に抗した四〇人　自民党源流の代議士たち』朝日新聞社、二〇〇六年、八頁。
14　川崎秀二「忠臣伴睦」前掲『大野伴睦　小伝と追想記』二七七頁。
15　大野伴睦「近衛嫌い―八月一五日の思い出―」『週刊東京』一九五九年八月二九日号、東京新聞社、二八頁。
16　楠前掲『大政翼賛会に抗した四〇人』六頁。
17　一九七四年からNHKで放送を開始した夜の総合ニュース番組。キャスターが自分の言葉で語りかけるスタイルは、日本のテレビニュースに大きな影響を与えた。
18　渡辺恒雄「大野『伴チャン』の想い出」前掲『大野伴睦　小伝と追想記』二一二頁。

第五章

1　現東京都庭園美術館（旧朝香宮邸）。一九四七年から一九五四年までの間、政府が借り受け、吉田外相・首相公邸として使用された。
2　渡辺恒雄『派閥――保守党の解剖』復刻版、弘文堂、二〇一四年、一二三頁。
3　原彬久『岸信介証言録』中央公論新社、二〇一四年、六八頁。
4　原前掲『岸信介証言録』四〇二頁。
5　朝日新聞、一九六〇年六月一六日付、夕刊一面
6　福本邦雄『表舞台 裏舞台――福本邦雄回顧録』講談社、二〇〇七年、二三―二四頁。
7　渡辺、御厨、伊藤、飯尾前掲『渡辺恒雄回顧録』二〇九頁。
8　今井一男「終戦前後の財政秘話」『ファイナンス』第七巻第九号、財務省、一九七一年、三三頁。大蔵大臣の渋沢敬三に受理されず、辞表は撤回している。

第六章

1 中北浩爾『自民党政治の変容』NHK出版、二〇一四年、二五頁。
2 渡辺前掲『派閥』一二六―一二八頁。
3 原彬久『戦後日本と国際政治――安保改定の政治力学』中央公論社、一九八八年、三三二頁。
4 大野伴睦「陰謀政治は許されない!」『サンデー毎日』一九六〇年七月三一日号、毎日新聞社、一三頁。
5 大野伴睦『大野伴睦回想録』弘文堂、一九六四年、一〇五頁。
6 大野前掲『大野伴睦回想録』一〇八頁。
7 渡辺前掲『派閥』一二五頁。
8 原前掲『岸信介証言録』三八四―三八五頁。
9 後藤基夫、内田健三、石川真澄『戦後保守政治の軌跡(下)』岩波書店、一九九四年、三四―三五頁。
10 ニッコロ・マキアヴェッリ『若干の序論と考慮すべき事情をのべながらの、資金援助についての提言』塩野七生『マキアヴェッリ語録』新潮社、一九九二年、六四頁。
11 ニッコロ・マキアヴェッリ著、佐々木毅訳『君主論』講談社、二〇〇四年、一四一―一四四頁。

第七章

1 公益財団法人世界平和研究所編『国民憲法制定への道　中曽根康弘憲法論の軌跡』文藝春秋企画出版部、二〇一七年、二一二―二一三頁。
2 一九五四年二月二二日、衆議院予算委員会
3 一九五五年一二月一三日、衆議院科学技術振興対策特別委員会
4 一九六六年に中曽根を中心に結成された「新政同志会」が中曽根派の源流、一九七八年に「政策科学研究所」に改称された。現志帥会(二階派)。
5 省庁幹部人事を一元管理するが、政治任命ではない。

6　後に『大統領になる方法』（上下巻、T・H・ホワイト著、渡辺恒雄、小野瀬嘉慈訳、弘文堂、一九六四年）として渡辺らが翻訳して出版。
7　中曽根康弘「首相公選論の提唱」吉村正編『首相公選論　その主張と批判』弘文堂、一九六二年、七一六八頁。
8　中曽根前掲「首相公選論の提唱」五九―六〇頁。
9　中曽根前掲「首相公選論の提唱」六三頁。
10　渡辺治「中曽根康弘からみた戦後の改憲史」年報日本現代史編集委員会編『歴史としての日本国憲法（年報 日本現代史 第一一号）』、現代史料出版、二〇〇六年、二一―五頁。
渡辺はさらに、第四期の自衛隊海外派兵のための立法措置と憲法改正の二本建てを主張した一九九〇年代、第五期の社会の破綻に危機感を強めて新保守主義的に傾斜した一九九〇年代末以降に、中曽根の改憲論の時期を区分している。
11　渡辺恒雄『党首と政党―そのリーダーシップの研究―』弘文堂、一九六一年、一〇二頁。
12　二〇二〇年一〇月一七日にグランドプリンスホテル新高輪国際館パミールにて開催。渡辺の追悼の辞は、読売新聞グループ本社の山口寿一社長が代読。

第八章

1　福永文夫「『沖縄密約』ノート――原状回復補償費四〇〇万ドルに関する一つの証言――」『獨協法学』第八一号、獨協大学法学会、二〇一〇年、一〇九頁。
2　児玉誉士夫「先生は本物の政治家だった」前掲『大野伴睦　小伝と追想記』一八五頁。
3　浅野豊美、吉澤文寿、李東俊、長澤裕子 編集・解説『日韓国交正常化問題資料　第Ⅲ期第一巻（代表間対話）』現代史料出版、二〇一三年、三八〇頁。
4　浅野、吉澤、李、長澤前掲『日韓国交正常化問題資料　第Ⅲ期第一巻（代表間対話）』三九五―三九七頁。
5　大平正芳関係文書（〇〇三九）「日誌」一九六二年一一月一二日の記述、国立国会図書館所蔵。

6 渡辺、御厨、伊藤、飯尾前掲『渡辺恒雄回顧録』一八九頁。
7 伊藤昌哉『池田勇人とその時代』朝日新聞社、一九八五年、二六一頁。

第九章

1 楠田實著、和田純、五百旗頭真編『楠田實日記――佐藤栄作総理首席秘書官の二〇〇〇日』中央公論新社、二〇〇一年、一一五頁。
2 宮崎吉政『宰相 佐藤栄作』新産業経済研究会、一九八〇年、二一七―二一八頁。
3 服部龍二『佐藤栄作 最長不倒政権への道』朝日新聞出版、二〇一七年、一七七頁。
4 京都大学教授の高坂正堯、元神戸大学教授・防衛大学校長の五百旗頭真など。
高坂正堯「楠田實氏の佐藤内閣論に寄せて」楠田實『首席秘書官 佐藤総理との一〇年間』文藝春秋、一九七五年、一九五―二〇五頁。五百旗頭真「解題――『楠田實日記』で読む佐藤政権」楠田前掲『楠田實日記』九六六頁。
5 一九九八年以降の正式名称は「清和政策研究会」だが、本書では便宜的に「清和会」で統一する。
6 平良好利「戦後沖縄と米軍基地（五）――沖縄基地をめぐる沖米日関係――」『法学志林』第一〇七巻第四号、法政大学法学志林協会、二〇一〇年、二四九頁。
7 屋良と佐藤・愛知らの交渉過程は、小松寛『日本復帰と反復帰―戦後沖縄ナショナリズムの展開―』早稲田大学出版部、二〇一五年、第三章（八三―一〇六頁）に詳しい。
8 琉球新報、二〇二二年五月一五日付、朝刊一面、六面
9 NSDM (National Security Decision Memorandum) 13 : Policy Toward Japan, May 28, 1969, The United States and Japan, 1960-1972, National Security Archive.
10 土山實男「日米同盟における『忠誠と反逆』同盟の相剋と安全保障ディレンマ」『国際問題』No.六四四、日本国際問題研究所、二〇一五年。
11 仲本和彦「沖縄県公文書館収蔵資料に見る日米安保五〇年 ～「密約」をめぐる米側解禁文書を中心に～」

12 『沖縄県公文書館研究紀要』第一二号、沖縄県公文書館、二〇一〇年。栗山尚一著、中島琢磨、服部龍二、江藤名保子編『外交証言録 沖縄返還・日中国交正常化・日米「密約」』岩波書店、二〇一〇年、四〇頁。

13 栗山前掲『外交証言録 沖縄返還・日中国交正常化・日米「密約」』四二、五九頁。

14 外務省の「いわゆる『密約』問題に関する有識者委員会」は、この合意議事録について、日米共同声明の内容を実質的に越えるものではなく、佐藤首相が私蔵していて歴代政権に引き継がれていなかったことを理由に「密約」とは認定しなかった。ただ、共同声明では不十分とする判断から合意議事録が作成されたと推測でき、もともと首脳間で極秘裏に取り扱うことを前提に交わされたものであることから、この有識者委員会の判断には批判も寄せられている。

15 佐藤栄作『佐藤栄作日記 第三巻』朝日新聞社、一九九八年、五三六、五三九頁。

16 服部前掲『佐藤栄作』三〇二頁。

17 毎日新聞、一九七一年六月一八日付、朝刊三面

18 渡辺恒雄「『西山事件』の証人として」『週刊読売』一九七四年二月一六日号、読売新聞社、一二二頁。

19 『外務省機密漏洩事件裁判記録』第一審（七）、東京大学法学部研究室図書室所蔵。

20 渡辺恒雄「俺のライバル西山太吉記者」『新評』一九七二年六月号、新評社、一七九頁。

21 渡辺前掲「『西山事件』の証人として」一二四頁。

22 「沖縄返還協定第四条第三項についての論議の要約」一九七一年六月一二日 オフラハーティ文書、沖縄県公文書館所蔵。

23 「いわゆる『密約』問題に関する有識者委員会報告書」（座長・北岡伸一東京大学教授）二〇一〇年、九三頁。

24 佐藤栄作『佐藤栄作日記 第五巻』朝日新聞社、一九九七年、七六―七七頁。

25 楠田前掲『楠田實日記』七一四頁。

第一〇章

1 田中は中央工学校を卒業しているが、当時の中央工学校は学校制度上の学校ではなかった。
2 渡辺、御厨、伊藤、飯尾前掲『渡辺恒雄回顧録』三〇四頁。
3 渡辺恒雄「ぬりかえられる派閥地図」『週刊読売』臨時増刊、一九七二年七月一八日号、読売新聞社、一二七頁。
4 渡辺前掲「ぬりかえられる派閥地図」一二八―一二九頁。
5 渡辺恒雄「無学歴首相のブレーンは誰か」『中央公論』一九七二年九月号、中央公論社、一一三―一一四頁。
6 渡辺前掲「無学歴首相のブレーンは誰か」一〇六頁。
7 渡辺前掲「無学歴首相のブレーンは誰か」一一二頁。
8 渡辺、御厨、伊藤、飯尾前掲『渡辺恒雄回顧録』三一八頁。
9 田中角栄『私の履歴書』日本経済新聞社、一九六六年、一三四頁。
10 防衛庁防衛研修所戦史室編『戦史叢書　関東軍一〈対ソ戦備・ノモンハン事件〉』朝雲新聞社、一九六九年、四一九頁。
11 田中前掲『私の履歴書』一四二―一四三頁。
12 田中前掲『私の履歴書』一四四―一四五頁。
13 保阪正康『田中角栄の昭和』朝日新聞出版、二〇一〇年、七四頁。
14 保阪前掲『田中角栄の昭和』七一頁。
15 保阪正康『田中角栄と安倍晋三　昭和史でわかる「劣化ニッポン」の正体』朝日新聞出版、二〇一六年、八八頁。
16 「戦場の田中角栄」『週刊ポスト』二〇一八年一一月九日号、小学館、六〇頁。
17 前掲「戦場の田中角栄」六〇頁。
18 一九七二年三月二三日、衆議院予算委員会第四分科会

19　大平正芳『私の履歴書』日本経済新聞社、一九七八年、四八頁。
20　大平正芳『財政つれづれ草』如水書房、一九五三年、四一頁。
21　一九六六年四月五日、自民党本部主催の政治大学で「わが党の外交政策」と題して行った講演の速記録。大平正芳回想録刊行会編著『大平正芳回想録　資料編』鹿島出版会、一九八三年、一八〇頁。
22　大平正芳、田中洋之助『複合力の時代』ライフ社、一九七八年、七〇―七一頁。
23　渡辺、御厨、伊藤、飯尾前掲『渡辺恒雄回顧録』三一九頁。
24　一九六六年に閣僚不祥事や議員逮捕など、自民党を中心に相次いで発覚した一連の不祥事。永田町が「黒い霧」に覆われていると批判されたことから名付けられた。
25　原文ママ、正しくは幹事長五期。
26　渡辺前掲「無学歴首相のブレーンは誰か」一〇八頁。
27　渡辺前掲「無学歴首相のブレーンは誰か」一〇九頁。
28　渡辺前掲「無学歴首相のブレーンは誰か」一一〇頁。
29　渡辺前掲「無学歴首相のブレーンは誰か」一一三頁。
30　立花隆『「田中真紀子」研究』文藝春秋、二〇〇二年、九五頁。
31　児玉隆也「淋しき越山会の女王」『淋しき越山会の女王 他六編』岩波書店、二〇〇一年、四七―四八頁。
32　渡辺恒雄「田中退陣――金権政治の根は断ったか」『現代』一九七五年一月号、講談社、九六頁。
33　渡辺前掲「田中退陣――金権政治の根は断ったか」九八頁。
34　渡辺前掲「田中退陣――金権政治の根は断ったか」一〇三頁。
35　早坂茂三『田中角栄と河井継之助、山本五十六　怨念の系譜』東洋経済新報社、二〇一六年、一三六頁。
36　苅部直「田中角栄」御厨貴編『歴代首相物語』新書館、二〇〇三年、二〇三頁。
37　児玉前掲「淋しき越山会の女王」四九―五〇頁。
38　芥川龍之介「或阿呆の一生」『芥川龍之介集　新潮日本文学一〇』新潮社、一九六九年、五四五頁。
39　ＮＨＫが二〇一四年一一月に実施した「戦後七〇年」に関する世論調査。「戦後を象徴する人物」の第二位は吉田茂、第三位は昭和天皇。詳細は「世論調査でみる日本人の『戦後』～『戦後七〇年に関する意識調査』の結果から～」『放送研究と調査』二〇一五年八月号、NHK出版、六頁。

第一一章

1 一九七九年にはハーバード大学のエズラ・ヴォーゲル教授が『ジャパン・アズ・ナンバーワン』を出版している。
2 北岡伸一『自民党──政権党の三八年』中央公論新社、二〇〇八年、二四〇─二四一頁。
3 中曽根康弘『天地有情　五〇年の戦後政治を語る』文藝春秋、一九九六年、三四八─三四九頁。
4 中曽根康弘『自省録　歴史法廷の被告として』新潮社、二〇一七年、一八七頁。
5 岸信介、矢次一夫、伊藤隆『岸信介の回想』文藝春秋、二〇一四年、三三九頁。
6 中曽根康弘書簡、岸信介宛、一九八一年八月二八日付、田布施町郷土館所蔵。
7 一九八二年一二月九日、衆議院本会議
8 中曽根前掲『天地有情』三五七頁。
9 NHKが二〇一三年に行ったインタビュー。
10 一九八三年に中曽根政権が初めて迎えた衆議院選挙では、直前にあった田中角栄へのロッキード事件有罪判決の影響もあり、自民党は公認候補だけでは単独過半数に届かない敗北を喫し、保守系無所属の追加公認や、新自由クラブとの連立で過半数を維持する状態であった。
11 中曽根康弘『政治と人生──中曽根康弘回顧録』講談社、一九九二年、八六─八七頁。
12 中曽根前掲『自省録』三二頁。
13 中曽根康弘「二三歳で三〇〇〇人の総指揮官」松浦敬紀編著『終りなき海軍』文化放送開発センター出版部、一九七八年、九六頁。
14 中曽根康弘『中曽根康弘句集二〇〇八』北溟社、二〇〇八年、二五頁。
15 服部龍二『中曽根康弘　「大統領的首相」の軌跡』中央公論新社、二〇一五年、一九頁。

16 中曽根康弘著、中島琢磨、服部龍二、昇亜美子、若月秀和、道下徳成、楠綾子、瀬川高央編『中曽根康弘が語る戦後日本外交』新潮社、二〇一二年、五二頁。
17 中曽根前掲『自省録』三三頁。
18 中曽根前掲『政治と人生』八八頁。
19 中曽根康弘『保守の遺言』角川書店、二〇一〇年、六八頁。
20 中曽根前掲『保守の遺言』七〇頁。
21 産経新聞、二〇一五年八月七日付、朝刊五面
22 服部前掲『中曽根康弘』二〇一頁。
23 長谷川和年著、瀬川高央、服部龍二、若月秀和、加藤博章編『首相秘書官が語る中曽根外交の舞台裏 米・中・韓との相互信頼はいかに構築されたか』朝日新聞出版、二〇一四年、一二九頁。
24 例えば一九七五年に参拝した三木武夫総理大臣は、私的参拝の基準として四条件（公用車を使用しないこと、玉串料を国庫から支出しないこと、記帳には肩書を付さないこと、公職者を随行させないこと）を提示した。
25 中曽根康弘文書（八一二）「靖国問題に関する中国側見解の報告」公益財団法人中曽根康弘世界平和研究所所蔵、国立国会図書館寄託。
26 中北前掲『自民党政治の変容』一二〇―一二八頁。
27 中曽根康弘「民族主義と国際主義の調和を」『月刊自由民主』一九八七年一〇月号、自由民主党、五三頁。
28 渡辺、御厨、伊藤、飯尾前掲『渡辺恒雄回顧録』四〇五―四〇六頁。
（中北前掲『自民党政治の変容』一二八頁）

終章

1 渡辺恒雄「安倍首相に伝えたい『わが体験的靖国論』」『文藝春秋』二〇一四年九月号、文藝春秋、二六

一頁。
2　読売新聞戦争責任検証委員会『検証　戦争責任　下』中央公論新社、二〇〇九年、三〇一―三〇二頁。
3　渡辺前掲「安倍首相に伝えたい『わが体験的靖国論』」二五六、二六〇―二六四頁。
4　渡辺恒雄、保阪正康「『戦争責任』とは何か」『論座』二〇〇六年一一月号、朝日新聞社、一三七頁。
5　総務省統計局「人口推計」（二〇二二年一〇月一日現在）より。戦後生まれの人口は一億八一五万四〇〇〇人となり、総人口に占める割合は八六・二％である。
6　『国会議員要覧』国政情報センター、一九八九年八月版を元に筆者集計。
7　『国会議員要覧』二〇〇三年八月版を元に筆者集計。
8　『国会議員要覧』二〇二三年八月版を元に筆者集計。
9　麻生太郎と尾辻秀久は一九四〇年生まれだが、八月一五日より後の生まれのため、五歳以上に含めず。
10　取材後の二〇二二年九月に逝去、八三歳。
11　高木郁朗著、中北浩爾編『戦後革新の墓碑銘』旬報社、二〇二一年、三頁。
12　渡辺前掲「東大細胞解散に関する手記」五一頁。
13　渡辺恒雄「編集後記」『思索』一九四九年八月号、思索社、九六頁。
14　御厨貴『表象の戦後人物誌』千倉書房、二〇〇八年、一五八頁。

あとがき

1　升味準之輔「一九五五年の政治体制」『現代日本の政治体制』岩波書店、一九六九年、など。政治学者の天川晃は、占領改革＋α（逆コース）＝「戦後改革」であり、戦後改革によって作られた体制が、「戦後体制」であるとの見方を示している。
2　天川晃述「戦後改革・占領改革・戦時改革―戦後体制の成立をめぐって」加藤陽子、雨宮昭一、鹿毛利枝子、天川晃、猪木武徳、五百旗頭真著、福永文夫、河野康子編『戦後とは何か―政治学と歴史学の対話　下』丸善出版、二〇一四年、一一九―一四三頁。

3　東京国際大学名誉教授の原彬久は、圧倒的なアメリカの占領権力によって定型化された米日間の支配・従属関係を「日米非対称システム」と呼び、天皇制、日本国憲法、日米安全保障条約の三つの「基層」を産み落とし、戦後日本の母型となっているものだと指摘する。

4　原彬久『戦後日本を問いなおす——日米非対称のダイナミズム』筑摩書房、二〇二〇年、八—一五頁。村上登司文「戦争体験継承に対する当事者意識を育てる教育の考察」『教育実践研究紀要』一八号、京都教育大学教育学部附属教育実践総合センター、二〇一八年、一七三頁。

BS1スペシャル
「独占告白　渡辺恒雄 ～戦後政治はこうして作られた 昭和編～」
（2020年3月7日放送）※NHKエンタープライズよりDVD化

資料提供	読売新聞社 朝日新聞社　共同通信社　毎日新聞社　産経新聞社 韓国外交部外交史料館　東京大学法学部研究室図書室 川島 憲治
撮影協力	陸上自衛隊土浦駐屯地武器学校　遠野ふるさと村
インタビュアー／リポーター	大越 健介
語り	加賀美 幸子
声の出演	小林 勝也　田中 明生　田中 宏樹　小谷 俊輔
撮影	山﨑 章由
照明	益田 雅也
音声	前川 秀行
映像技術	徳久 大郎
音響効果	田中 繁良
編集	金田 一成
ディレクター	安井 浩一郎
制作統括	三村 忠史

NHKスペシャル
「渡辺恒雄　戦争と政治 ～戦後日本の自画像～」
（2020年8月9日放送）

資料提供	読売新聞社 国立国会図書館　韓国外交部外交史料館 公益財団法人青雲塾　朝日新聞社　共同通信社
撮影協力	陸上自衛隊土浦駐屯地武器学校
インタビュアー／リポーター	大越 健介
語り	加賀美 幸子
声の出演	斎藤 志郎　田中 明生　田中 宏樹
撮影	山﨑 章由
照明	杉本 親是　益田 雅也
音声	鈴木 ひとみ
映像技術	前田 惇徳
音響効果	滝澤 俊和
編集	金田 一成
ディレクター	安井 浩一郎
制作統括	三村 忠史

【写真提供】

渡辺恒雄（P21、P33、P45、P57、P75、P105、P117、P119、P126、P135、P147、P159、P183、P201、P223、P255）
ＮＨＫ（カバー、P15、P97）
共同通信社（P222）
小野澤惠美子（P232、P233）
公益財団法人中曽根康弘世界平和研究所（P269）

安井 浩一郎（やすい・こういちろう）

ＮＨＫ報道局政経・国際番組部 政治番組チーフ・プロデューサー

1980年埼玉県生まれ。2004年早稲田大学政治経済学部政治学科卒業後、ＮＨＫ入局。仙台局報道番組、報道局政治番組、報道局社会番組部、放送総局大型企画開発センターのディレクターを経て、2020年より現所属。戦後史や政治分野を中心に、主にＮＨＫスペシャルなどの報道番組を制作。

ディレクターとして制作した主な番組に、ＮＨＫスペシャル「戦後70年 ニッポンの肖像　―政治の模索― 保守・二大潮流の系譜」（2015年）、同「証言ドキュメント 永田町・権力の興亡 “安倍一強” 実像に迫る」（2015年）、同「憲法と日本人～1949-64 知られざる攻防～」（2018年）、同「平成史スクープドキュメント “劇薬”が日本を変えた～秘録 小選挙区制導入～」（2018年）、同「渡辺恒雄 戦争と政治～戦後日本の自画像～」（2020年）など。プロデューサーとして制作した主な番組に、ＮＨＫスペシャル「開戦 太平洋戦争～日中米英 知られざる攻防～」（2021年）、同「証言ドキュメント 永田町・権力の興亡 コロナ禍の首相交代劇」（2022年）などがある。

著書に『吉田茂と岸信介 自民党・保守二大潮流の系譜』（2016年、岩波書店）、共著に『ウイルス大感染時代』（2017年、KADOKAWA）、『憲法と日本人 1949-64年 改憲をめぐる「15年」の攻防』（2020年、朝日新聞出版）。

2022年度の拓殖大学客員教授も務める。

独占告白《どくせんこくはく》 渡辺恒雄《わたなべつねお》　戦後政治《せんごせいじ》はこうして作《つく》られた

発　行　2023 年 1 月 15 日
3　刷　2023 年 2 月 15 日

著　者　安井《やすい》浩一郎《こういちろう》

発行者　佐藤隆信
発行所　株式会社新潮社
〒 162-8711　東京都新宿区矢来町 71
電話　編集部　03-3266-5611
読者係　03-3266-5111
https://www.shinchosha.co.jp

装　幀　新潮社装幀室
組　版　新潮社デジタル編集支援室
印刷所　錦明印刷株式会社
製本所　加藤製本株式会社

ISBN 978-4-10-354881-2 C0031

沖縄と核　松岡哲平

米軍占領下、東アジア最大の核基地となった沖縄の真実を、秘蔵資料と当事者たちの証言で物語る。大反響を呼んだ同名の「NHKスペシャル」を完全書籍化。

危機の外交　岡本行夫自伝　岡本行夫

コロナ禍で命を落とした不世出の外交官は、秘録と呼ぶべき経験と日本の課題、そして真の脅威についてつぶさに書き遺していた。読む者の認識を問い直す驚愕の手記。

喧嘩の流儀　菅義偉、知られざる履歴書　読売新聞政治部

コロナ禍の官邸・党内での暗闘から日々の政治信条まで。勝負どころの思考法、逆風下で漏らした本音など、生々しい肉声で最高権力者の実像を浮き彫りにした決定版。

令和誕生　退位・改元の黒衣たち　読売新聞政治部

それはガラス細工のような合意形成の賜物だった。天皇が夕食の席で側近に退位の意向を吐露してから、新天皇の即位まで。秘話満載で裏と表を描き切った決定版ルポ。

アラフォー・クライシス　「不遇の世代」に迫る危機　NHK「クローズアップ現代＋」取材班

給料が増えない、昇進できない、結婚する余裕もない……今、35歳から44歳の「就職氷河期」世代を取り巻く危機を取材。努力しても報われない実情を追う。

高校生ワーキングプア　「見えない貧困」の真実　NHKスペシャル取材班

日本の子どもの「7人に1人」が貧困状態にある。高額な学費に加え日々の生活費に追われる彼らが、奨学金という「借金」を背負って進学する衝撃の実態をルポする。

娘を奪われたあの日から
名古屋闇サイト殺人事件・遺族の12年
NHK「事件の涙」取材班

２００７年夏、闇サイトに集まった男達に惨殺された一人娘の無念を晴らすため、最終刑確定まで戦い続けた母親の深い悲しみと無償の愛、そして苦悩の記録。

ガリンペイロ
国分拓

アマゾン最深部の闇の金鉱山で、泥に塗れて金塊を探し、一攫千金を夢見る男たち。ＮＨＫスペシャル「大アマゾン　ガリンペイロ　黄金を求める男たち」待望の書籍化。

異端の被爆者
22度のがんを生き抜く男
横井秀信

爆心地から約８５０メートルで被爆した兒玉光雄の口癖は「地獄を見せつけられた原爆に、人生まで支配されてたまるか！」自らの染色体の傷を晒して核兵器の罪を告発する壮絶な人生。

天路の旅人
沢木耕太郎

第二次大戦末期、中国大陸の奥深くまで「密偵」として潜入した一人の若者がいた。そんな彼の果てしない旅と驚くべき人生を描く、著者史上最長のノンフィクション。

令和元年のテロリズム
磯部涼

川崎の無差別殺人、元農水省事務次官の息子殺し、京アニ放火――改元直後の日本を震撼させた３つの大事件を『ルポ　川崎』の著者が追い、現代の「風景」を読む！

近親殺人
そばにいたから
石井光太

大切なはずの身内を手にかける――その時家族に何が？　同居の母親を放置した姉妹、弟妹を殺した母親を持つ娘……７つの事件が問いかける、けっして他人事ではない真実。

廃炉　「敗北の現場」で働く誇り　稲泉連

東日本大震災から10年。福島第一原発では今日も廃炉が続く。最先端の技術と誇り、そして使命感を胸に、40年かかるとされる作業に従事する人々の想いを紡ぐ。

新世紀「コロナ後」を生き抜く　佐藤優

新型コロナによって世界史の新章が始まった。新自由主義の跋扈、生命の格差、閉塞と断絶の正体を見極め、海図なき時代の針路を示す集中オンライン講座完全収録！

世界最強の研究大学　ジョンズ・ホプキンス　黒瀬悦成

コロナ禍を予言、ウイルスの配列解析に成功、フェイク情報と戦う――感染症から人類を守る「頭脳」にして「心臓部」。その内幕を初めて明かすパワーレポート。

パンデミック日記　「新潮」編集部／編

新型コロナウイルスによる感染症の世界的大流行に襲われて、「日常」が一挙に失われた２０２０年。この歴史的な一年間を52人の表現者たちはどう生きたのか？

あの夏の正解　早見和真

二〇二〇年、新型コロナ拡大によりセンバツに続いて夏の甲子園も中止。選手と指導者は何を思い、どう行動したのか。強豪校に密着した作家が描くノンフィクション。

なんでも見つかる夜に、こころだけが見つからない　東畑開人

人生には、迷子になってしまう時期がある。そんな時に助けてくれるのは7つの補助線――紀伊國屋じんぶん大賞受賞の臨床心理士が贈る新感覚の〝読むセラピー〟。

工藤會事件　村山治

「必ずトップを逮捕せよ！」指定暴力団・工藤會に対して、警察・検察が展開した前例のないオペレーション（頂上作戦）の全貌を極秘資料と当事者の生証言で描く！

エクソダス　アメリカ国境の狂気と祈り　村山祐介

米・メキシコの国境に世界中の移民が集まっている。砂漠を越え、密林を彷徨い、なぜ彼らは命を賭けて目指すのか？　私たちが知るべき世界の真実がここにある。

21世紀の戦争と平和　徴兵制はなぜ再び必要とされているのか　三浦瑠麗

国際情勢が流動化し、ポピュリズムが台頭する中で、いかに戦争を抑止するか。カントの『永遠平和のために』を手掛かりに、民主主義と平和主義の再強化を提言する。

砂まみれの名将　野村克也の1140日　加藤弘士

誰もが「ノムさんは終わりだ」と思った。悪夢の辞任劇から名監督はなぜ返り咲けたのか。シダックス時代の番記者が証言を集め、再生の日々を描くノンフィクション。

1988年のパ・リーグ　山室寛之

阪急・南海という、老舗名門球団の突然の身売りと、伝説の「10・19」を巡る、熾烈な優勝争い――。球史に残る昭和最後のパ・リーグの1年を、新証言で描く。

沈没船博士、海の底で歴史の謎を追う　山舩晃太郎

指先も見えないドブ川で2000年前の船を発掘、カリブ海で正体不明の海賊船を追い、エーゲ海で命を危険にさらす。水中考古学者が未知の世界へと誘う発掘記。